Peter Thiesen

Konzentrationsspiele
für Kindergarten und Hort

LAM
BER
TUS

Peter Thiesen

Konzentrationsspiele für Kindergarten und Hort

Lebendige Förderung ohne Dressur und Streß

Lambertus

CIP-Titelaufnahme der Deutschen Bibliothek

Thiesen, Peter:
Konzentrationsspiele für Kindergarten und Hort:
Lebendige Förderung ohne Dressur und Streß / Peter
Thiesen. − Freiburg im Breisgau: Lambertus, 1990
ISBN 3-7841-0511-4

Umschlaggestaltung: Christa Berger, Solingen
Umschlagfoto: Christoph Maas, Solingen
Herstellung: F. X. Stückle, Ettenheim
ISBN 3-7841-0511-4

Inhalt

Vorwort

Konzentrationsmängel bei Kindern sind heute mehr und mehr zum ernstzunehmenden Problem geworden. Viele Eltern und Erzieher können ein Lied singen von manch' nervösem „Unruhegeist" und „Zappel-Philipp".

Die Konzentrationsfähigkeit ist eine der entscheidenden Kräfte für die Persönlichkeitsentwicklung des Kindes und seinen späteren Schulerfolg. Ist die Konzentration gestört, herabgesetzt oder ungenügend ausgebildet, entstehen vielfältige Hindernisse, die langfristig und nachhaltig die geistige, emotionale und motorische Entwicklung beeinflussen.

Kindergarten und Hort sind oftmals die einzigen Orte unbefangenen Kinderspiels, in denen durch strukturierte Spiel- und Materialangebote Anreize und Förderungen verwirklicht werden. Dieses Buch möchte helfen, durch den überlegten Einsatz des Mediums Spiel, die Konzentrationsfähigkeit von Kindern im Kindergarten- und Hortalter positiv zu beeinflussen und zu stärken. Dabei orientiert es sich an den Bedürfnissen und Interessen des Kindes. Seine angeborene Neugier, der Drang nach Tätigkeit und sein waches Interesse an der Umwelt sind ideale Grundlagen, um über das Spiel als „Welt des Kindes" Konzentrationsmängel abzubauen und seine visuelle, auditive und motorische Aufmerksamkeit zu fördern.

Hilfen zur Konzentrationsförderung müssen frei sein von Dressur und Streß. Beide machen das Kind unfrei und verbauen ihm andere Verhaltensweisen. Natürlich kommen wir in der Elementarerziehung nicht ohne Gewöhnungen aus, die manchmal an Dressur erinnern mögen. Dennoch darf das Leben des Kindes kein Abspulen von Dressurakten und Angewöhnungen sein. Konzentration läßt sich so nicht erzwingen.

Den Mittelpunkt dieses Praxisbuches, das sich an Erzieher und Sozialpädagogen in Kindergarten und Hort, aber auch an Grundschullehrer wendet, bildet eine in der Praxis sorgfältig erprobte Sammlung von 264 Konzentrationsspielen mit fast ebenso vielen Variationsmöglichkeiten. Die Spiel- und Übungsvorschläge wurden unter dem Gesichtspunkt einer ganzheitlichen Konzentrationsförderung zusammengestellt. Zugleich haben die Spielangebote Bedeutung in mehrfacher Hinsicht, so daß neben der Konzentration auch stets andere Förderbereiche angesprochen werden.

Die wichtigste Voraussetzung für den Einsatz von Konzentrationsspielen ist, daß sie den Kindern Freude machen und gerne von ihnen gespielt werden.

Mit der im Buch benutzten weiblichen Form „Erzieherin" möchte ich der Realität Rechnung tragen, daß Kindergarten- und Hortarbeit zu einem überwiegenden Teil noch immer von Frauen geleistet wird.

Peter Thiesen

Für Anna

Aufmerksamkeit, mein Sohn, ist,
was ich dir empfehle:
bei dem, wobei du bist,
zu sein mit ganzer Seele.

(F. Rückert, Weisheit des Brahmanen)

I. Theoretischer Teil

1. Was ist Konzentration?

Die Fähigkeit zur Konzentration ist für das Kind von großer Bedeutung für seine Gegenwart und seine Zukunft. Konzentration ist ein gesteigerter Zustand geistiger Wachheit. Um zu ihr zu gelangen, sind Energie und Ausdauer erforderlich.

Die Konzentration setzt einen bestimmten psychischen Entwicklungsstand voraus. Grundlage für die spätere Konzentrationsfähigkeit sind *unwillkürliche* und *willkürliche* Aufmerksamkeit. Im Säuglings- und Kleinkindalter ist die unwillkürliche Aufmerksamkeit die typische Form der Zuwendung. Die Kinder sind noch unabhängig davon, welche Reize ein Spiel oder Lerngegenstand auf sie ausübt. Sach- und Lerninteressen können wir in diesem Alter nicht als selbstverständlich voraussetzen. Die bei Vorschulkindern entstehenden kognitiven Beziehungen zur Umwelt verändern auch ihre Aufmerksamkeit. Nachdem sich das Kind allmählich Regeln unterordnet und die Forderungen der Erwachsenen berücksichtigt, sich mehr und mehr seiner sprachlichen Ausdrucksmöglichkeiten bedient, bildet sich bei ihm die vom Willen gesteuerte willkürliche Aufmerksamkeit heraus. Gleichzeitig nimmt die Fähigkeit zu, die Aufmerksamkeit zu lenken. *(unwillkürliche und willkürliche Aufmerksamkeit)*

Es werden verschiedene *Aufmerksamkeitstypen* unterschieden. Die einen fassen besser über das Auge (visuell) auf, die anderen über das Gehör (auditiv) und wieder andere müssen über die Bewegung (motorisch) angeregt werden. *(Aufmerksamkeitstypen)*

Gute Leistungen in der Schule hängen nicht allein von Begabungen und Fähigkeiten ab, sondern auch von guter Konzentration. Sie ist die Grundlage für Sorgfalt, Genauigkeit, Gründlichkeit und Gewissenhaftigkeit. Hierzu gehören auch Festigkeit und Beharrlichkeit in der Aufmerksamkeitszuwendung.

Konzentrierte Kinder sind frei von Unruhe und überflüssigen Bewegungen. Sie nehmen genau wahr und behalten das Wahrgenommene zuverlässig im Gedächtnis.

Konzentration als Zusammenfassung körperlicher und geistiger Kräfte auf ein Ziel ist stark von der aktuellen Stimmungslage, der seelischen Verfassung und vom Interesse des Kindes für eine Sache oder Tätigkeit abhängig. Da der Ausprägungsgrad der Konzentration *(Stimmungslage und seelische Verfassung)*

11

von zahlreichen inneren (personellen) und äußeren (situativen) Be-
dingungen abhängt, ist sie keine konstante Kraft von immer gleicher
Größe, sondern ein psychischer Zustand. Dies gilt für Kinder wie
Erwachsene gleichermaßen.

Die Erzieherin im Kindergarten und Hort sollte wissen, wieviel
Konzentrationsvermögen sie im jeweiligen Alter erwarten kann. Als
Zeitwerte Zeitwerte (Erfahrungswerte) lassen sich etwa nennen für das Alter

4 – 5 Jahre ca. 10 Minuten
6 – 7 Jahre ca. 15 Minuten
8 – 9 Jahre ca. 20 Minuten
   10 Jahre ca. 25 Minuten

Nach Pausen von ca. 5 – 10 Minuten müßten die Leistungen erneut
erbracht werden und zwar 4 – 6jährige zweimal hintereinander,
7 – 8jährige dreimal hintereinander und 9 – 10jährige viermal hintereinander. Die Zeitangaben sind natürlich nur grobe Richtwerte.

Da nicht nur die Muskeln dem Gesetz der Ermüdung unterliegen,
sondern auch unser Kopf, müssen wir uns davor hüten, bei unseren
Konzentra- Kindern die Konzentrationsgrenzen zu überschreiten. Deshalb sollte
tionsgrenzen für Lernangebote gelten: lieber kürzer und konzentriert als länger
und oberflächlich.

Fragestellun- Informationen über Konzentrationsstärke wie Konzentrationsmangel
gen zur erhalten wir durch die Beobachtung der Kinder. Fragestellungen kön-
Konzentration nen dabei z. B. sein:

Wie lange bleibt das Kind bei ein und demselben Spiel?

Welche Ausdauer zeigt es bei der Erledigung einer Aufgabe?

Ist die Ausdauer abhängig von Pflicht oder Freiwilligkeit?

Wie kommen beim Kind Entscheidungen zustande?

Kann man das Kind leicht ablenken durch ein Gespräch, die Stimme
eines Freundes, durch eine Störung, die Telefonklingel oder durch
ein Wort?

Mit welcher Kraft, in welchem Tempo werden vom Kind Vorhaben
in die Tat umgesetzt?

Hat das Kind Schwierigkeiten, sich zu konzentrieren? Seit wann?

Treten die Konzentrationsmängel nur bei bestimmten Tätigkeiten
auf?

Welche Bedingungen wirken sich in der Familie, im Kindergarten,
Hort und / oder in der Schule ungünstig aus und können verändert
werden?

Durch Gespräche mit Eltern, Kollegen in der Einrichtung, mit
Lehrern erhält die Erzieherin wichtige Hintergrundinformationen.
Bei gezielten Beschäftigungen, beim Vorlesen, durch Spielaufgaben
und Gespräche mit den Kindern kann die Erzieherin feststellen, ob
sie die ihrem Alter entsprechenden Konzentrationszeiten durchhal-
ten. Dabei wird sie beachten, daß Konzentrationsleistungen zwischen
8 – 11 Uhr besser zu erreichen sind als zwischen 11 – 15 Uhr. Zur
Erhaltung der Konzentration braucht das Kind immer wieder Ent-
spannungspausen.

2. Konzentrationsmängel bei Kindern haben viele Ursachen

In unserer heutigen Zeit, in der Konzentrationsstärke eine unum-
gängliche Notwendigkeit darstellt, sind Konzentrationsmängel bei
Kindern ernstzunehmende Symptome, die ihre Entwicklung, vor
allem ihre logische Denkfähigkeit, nachhaltig beeinträchtigen.
In allen Lebensbereichen, vom Straßenverkehr bis zu den vielfäl-
tigsten Berufen, wird ein hohes Maß an Konzentration abverlangt.
Verschiedenen Untersuchungen der letzten Jahre zufolge sind etwa
40 – 50 Prozent der 4 – 10jährigen Kinder leicht ablenkbar, zerstreut,
fahrig und konzentrationsunfähig. Ein großer Teil aller Wiederholer
in der Schule erreicht das Klassenziel nicht, weil er etwa weniger
intelligent ist als die anderen, sondern weil sein Konzentrationsvermögen gestört ist.
Wohl jede Erzieherin im Kindergarten oder Hort kennt die Erschei-
nungsbilder unkonzentrierter Kinder. Da ist der zappelig-unruhig Nervöse, der ablenkbare Träumer, der ängstlich Zerfahrene, der Zerstreu-
te. Die Aufzählung ließe sich fortsetzen. Erzieheraussagen wie „Schau
her!", „Bleib auf deinem Blatt!", „Lauf nicht wieder vom Tisch
weg!", „Paß auf!", sind eindeutige Konzentrationsforderungen.
Kinder, die sich nicht konzentrieren können, sind nicht „bösartig"
oder gar kleine „Monster", wenn sie unkonzentriert sind. Sie können
sich nur nicht konzentrieren, selbst wenn sie wollten. Konzentrationsmängel bestehen, wenn die Aufmerksamkeit ständig unter den
geltenden Erfahrungswerten des jeweiligen Alters liegt. Unkonzen-
trierte Kinder leiden an einem Unvermögen, sich anzustrengen und

durchzuhalten. Weitere Kennzeichen sind Vergeßlichkeit, Flüchtigkeit, Ablenkbarkeit, seelische Kraftlosigkeit und das Unvermögen, an Probleme heranzugehen.

Konzentrationsmängel haben eine Vorgeschichte Fehlende Ausdauer und Konzentrationsmängel, die Eltern oftmals erst bei Problemen mit den Schularbeiten ihrer Kinder deutlich werden, haben in der Regel eine Vorgeschichte, die weiter zurückgreift. Eltern, die diesen Kindern in einer stark verwöhnenden Haltung nahezu alle Schwierigkeiten aus dem Weg räumten, haben ihre Kinder um wichtige Erfahrungen gebracht; nämlich um die Erkenntnis, daß Schwierigkeiten, ob beim Spiel, beim Lernen oder bei der Arbeit, mit Ausdauer und Beharrlichkeit gemeistert werden können.

Willensstärke / Willensschwäche Konzentration erfordert Willensstärke, die normalerweise bei jedem Kind ebenso wie Aktivität und Vitalität vorhanden ist. Willensschwäche bedeutet unruhig, fahrig, flüchtig, zappelig und zerstreut zu sein. Fast immer ist der schwache Wille anerzogen. Eltern, die ihr Kind aus dem Spiel und aus Schulaufgaben herausreißen, ihm die Verantwortung für sein Handeln abnehmen oder immer nachgeben, tragen viel zur Willensschwächung und damit zu Konzentrationsmängeln bei.

Konzentrationsunlust – Konzentrationsstörung – Konzentrationsschwäche

Begriffsklärungen An dieser Stelle sollten wir, ausgehend vom Oberbegriff „Konzentrationsmängel", verschiedene Erscheinungsformen der Unkonzentriertheit unterscheiden:

Konzentrationsunlust *Konzentrationsunlust* besteht, wenn sich das Kind aufgrund gestörten seelischen Wohlbefindens nicht innerlich sammeln kann.

Konzentrationsstörungen *Konzentrationsstörungen* sind die Folge von Fehlerziehungen, Über- und Unterforderungen, schlechten Angewohnheiten, negativen Umwelteinflüssen und Störungen des emotionalen Gleichgewichts. Sie sind die am meisten verbreitete Form des Konzentrationsmangels, lassen sich jedoch im allgemeinen positiv beeinflussen und wieder beheben. Wesentlich sinnvoller ist es natürlich, Konzentrationsstörungen von vornherein zu vermeiden.

Konzentrationsschwäche Der Begriff *Konzentrationsschwäche* sollte nur nach einer genauen medizinischen oder psychologischen Diagnose verwendet werden. Wenn ein Kind sich z.B. noch aufmerksam einem Sachgegenstand zuwenden kann, sprechen wir nicht von Konzentrationsschwäche. Echte Konzentrationsschwäche besteht dann, wenn aufgrund anlagebedingter oder früh erworbener Schäden die Konzentrationsfähigkeit bzw. die Aufmerksamkeitsleistungen eines Menschen unter zumutbaren Bedingungen ständig unter einer Mindestgrenze liegen.

Medizinische, psychologische und umweltbedingte Faktoren

Konzentrationsmängel lassen sich in der Regel auf medizinische, psychologische und umweltbedingte Ursachen zurückführen.

Medizinische Ursachen wie z. B. frühkindliche Hirnschädigungen, stärkerer Intelligenzdefekt, infektiöse oder toxische Schäden des Gehirns, Kreislaufschäden und geprägte Konzentrationsschwäche müssen vom Arzt grundsätzlich abgeklärt und behandelt werden. Auch Legastheniker weisen häufig Konzentrationsmängel auf. Beim Versuch, ihre Störung zu beherrschen, brauchen sie eine erhöhte Aufmerksamkeit, wodurch sie schneller ermüden und ihre Konzentrationsfähigkeit entsprechend nachläßt. Bei stark auffallendem Konzentrationsmangel sollte ein Kind auch deshalb untersucht werden, um z. B. Störungen im Vitaminhaushalt oder im Kalk-Phosphat-Stoffwechsel zu erkennen bzw. auszuschließen. *(medizinische Ursachen)*

Als *psychologische Ursachen* für Unkonzentriertheit lassen sich z. B. nennen: *(psychologische Ursachen)*
Konflikte im Elternhaus und in der Schule; aufgelöste Familie, nervöse Eltern;
zu hohe Leistungserwartungen von seiten der Eltern und Lehrer; übersteigerter Ehrgeiz;
übergroße Strenge, Gefühlskälte;
Verzärtelung, Verwöhnung, Gefühlsüberschwang;
Gleichgültigkeit genauso wie ständige Überwachung;
übersensible und gefühlsinstabile Kinder.
Die häufigste Ursache für die mangelnde Konzentrationsfähigkeit von Kindern sind *ungünstige, störende Umweltbedingungen.* *(umweltbedingte Ursachen)*
Über kurz oder lang kommt es zu Konzentrationsstörungen durch: ständige Ablenkung durch eine unruhige Umgebung wie verkehrsreiche Straßen, Lärmbelästigung, Flugverkehr, Baulärm;
schlechte Wohnverhältnisse, wie zu wenig Spielraum, schlecht isolierte Wände, Teilhabe der Kinder an TV-Nachtprogrammen der Eltern;

15

laufende Radiomusik und Fernsehapparate (Reizüberflutung);
„Überfütterung" mit Spielzeug;
beengte Kindergärten und Horte;
Hektik, zu wenig Schlaf;
Umweltgifte;
Fehlernährung.

Es ist nachgewiesen, daß gerade eine gesunde Ernährung von besonderer Bedeutung ist. Kinder, die über längere Zeit vitamin-, mineral- und ballaststoffarm ernährt wurden, weisen schleichende und schwer feststellbare Mangelerscheinungen auf, die sich auch auf die Hirnfunktion und die emotionale Verfassung auswirken.

Wer viel Süßes ißt, braucht zusätzlich Vitamin B_1 und andere B-Vitamine. Wird der Körper nicht genügend mit diesen Vitaminen versorgt, können sich Unruhe, Nervosität und Schlafstörungen einstellen. Auf phosphathaltige Lebensmittel und Getränke sollte weitgehend verzichtet werden. Sie können möglicherweise Konzentrationsmangel

und Unruhe verstärken. Die Ernährung sollte umgestellt werden auf Vollwertkost und vitaminreiches Essen, vor allem viel Vitamin B_1 (hirnstoffwechselanregend) z. B. in Vollkornprodukten, Milchprodukten, Müsli, Käse, Fisch, Fleisch und pflanzlicher Vollwertkost.

Sprechen wir über umweltbedingte Ursachen für Konzentrationsstörungen, so spielt das Fernsehen hier eine wesentliche Rolle. In vielen Familien ist es für Kinder vom 3. Lebensjahr an zu einer Selbstverständlichkeit geworden. Zum Teil sehen Kinder schon vom Krabbelalter an passiv fern. Im Zeitalter der „Verkabelung" und des Satel-

litenfernsehens hat sich unweigerlich der tägliche Medienkonsum erhöht und ist deshalb immer mehr in den Blickpunkt pädagogischer Überlegungen gerückt. Uns soll es an dieser Stelle ausschließlich um den TV-Einfluß auf die Konzentration der Kinder gehen.

Die Fülle von Bild- und Textinformationen ist für Kinder nur schwer zu verarbeiten. Die schnelle Folge der Fernsehbilder, die Hektik und Rhythmik des Tones und das Nichtverstehen von Sendungsinhalten

tragen bei intensivem Fernsehkonsum entscheidend mit zur Nervosität, Überreiztheit und somit zum Konzentrationsmangel der Kinder bei. Besonders am Montagmorgen kommen Erzieherinnen oftmals nicht daran vorbei, die aufgestauten Fernseherlebnisse der Kinder zu bearbeiten. Es liegt im pädagogischen Ermessen jeder Erzieherin, ob sie eine von Kindern gesehene Sendung thematisiert oder nicht. Das

Ausagieren der motorischen Unruhe nach langen Fernsehwochenenden wird im Kindergarten durch Spiele, Turnen und Freispiel erfolgen, bevor die Erzieherin inhaltlich auf von Kindern angesprochene Sendungen eingeht. Sollten einzelne Kinder nachweislich wiederholt durch hohen Fernsehkonsum überreizt, müde und abgespannt reagieren, empfiehlt sich ein einfühlsames Gespräch mit den Eltern.

Der Fernsehapparat ist weder Spiel-, noch Spielpartnerersatz. Werden Kinder zu Hause durch den „TV-Ersatzerzieher" in ihrer Spielzeit eingeschränkt (Fernsehzeit nimmt Spielzeit), so bleibt ein grundlegendes Bedürfnis ständig unbefriedigt. Ein Mangel an Spielmöglichkeiten löst bei Kindern unangenehme Gefühlszustände aus, wie z. B. Übererregbarkeit, Gereiztheit, Unruhe und Unzufriedenheit. `„TV-Ersatzerzieher"`

Die Konzentrationsbereitschaft der Kinder wird auch dort gelähmt, wo sich aufgrund von Überanstrengung Unlust und Abneigung breit gemacht haben. Besonders bei Kindern, die nach Kindergarten-, Schul- oder Hortbesuch mit zusätzlichen Aufgaben, Terminen und Übungen überlastet werden, deren Erholungszeit unvertretbar verkürzt wird, kann es langfristig zu Konzentrationsstörungen kommen. `Unlust und Abneigung durch Überanstrengung`

Gespräche mit Eltern sind für den Umgang mit Kindern, die auffällige Konzentrationsmängel zeigen, unbedingt notwendig. Der vertrauensvolle, einfühlsame Meinungsaustausch mit den Eltern hilft der Erzieherin über das familiäre Umfeld und die emotionalen Beziehungen Einsicht in Hintergründe des Problems zu erhalten, bei den Eltern Einsicht in das Problem zu vermitteln und gemeinsam Lösungen zu finden, die dem Kind helfen. `Meinungsaustausch mit Eltern`

Natürlich gibt es auch nervöse Eltern, Erzieher und Lehrer, die auf geringste Störungen gereizt reagieren, sich selbst von einzelnen Kindern „stören" oder von einzelnen Schülern ständig „ablenken" lassen oder bei ihrem Vortrag geistig und körperlich „herumspringen". Dieses negative Modellverhalten kann sich auf ein ohnehin unkonzentriertes Kind sehr nachteilig auswirken. Erzieher, die in institutionelle Zwänge gebunden sind (Personalmangel, häufiger Kollegenwechsel, mangelndes Raumangebot) laufen Gefahr, Unruhe und Hektik im Kindergarten bzw. Hort auszulösen und verhindern so die Möglichkeit, die Konzentration der Kinder zu festigen. Eltern, die selbst hastig, nervös und überfordert sind, geben nicht nur ein negatives Vorbild ab, sondern prägen auch das Familienklima mit seinen Auswirkungen auf das Kind. Gerade für sensible und unruhige Kinder ist `Nervöse Eltern, Erzieher und Lehrer` `institutionelle Zwänge` es wichtig, in einer ausgeglichenen, warmen und herzlichen Atmosphäre aufzuwachsen. Um diesem Anspruch so weitgehend wie möglich gerecht zu werden, sind Kindergarten, Schule, Hort und Eltern gleichermaßen gefordert.

3. Möglichkeiten der Konzentrationsförderung

Was können wir tun, um die Konzentrationsfähigkeit der uns anvertrauten Kinder zu festigen?

geregelter Tagesablauf — Außerordentlich wichtig ist der geregelte Tagesablauf in Kindergarten und Hort, der sich anschließend im Elternhaus fortsetzen sollte. Je kleiner die Kinder, desto geregelter muß der Tagesablauf sein.

eigener Spielort und Arbeitsplatz — Zu Hause sollte das Kind einen eigenen Spielort innerhalb der Wohnung haben; das Schulkind benötigt einen Arbeitsplatz, wo es ruhig und ungestört arbeiten kann. Eine weitere Voraussetzung ist das richtige Verhältnis von Ruhe und Bewegung, frischer Luft und genügend Schlaf.

Aufgaben, die wir als Erzieher und Eltern unseren Kindern stellen, müssen auch von ihnen zu bewältigen sein. Nur wenn das Kind überhaupt die Möglichkeit hat, erwünschte Leistungen zu erbringen, wird es einen Sinn darin sehen, sich auch anzustrengen. Diese Anstrengung bereits muß von uns gelobt werden, auch wenn dies nicht gleich dazu führt, daß alle Aufgaben und Probleme ab sofort richtig gelöst werden. Ein konkretes Lob der Erzieherin wie „Das hast du sehr schön gemacht!", motiviert das Kind anfangs mehr als die Aufgabenstellung. Die Anerkennung, so einfach dieses „Rezept" klingen mag, selbst für das Bemühen des Kindes, ermutigt es und spornt es

Anerkennung statt Mängelregistrierung — an, sich weiter zu bemühen. Statt Mängelregistrierung und Herausstellen der Fehler, des Unerledigten und der Schwächen sollten wir das Gelungene, wo sich das Kind Mühe gegeben hat, registrieren und auch aussprechen, einfach Freude darüber dem Kind äußern. Schließlich freuen auch wir uns als Erwachsene hin und wieder über ein anerkennendes Wort.

Wir sollten uns davor hüten, unkonzentrierten Kindern gegenüber Zweifel an ihren Fähigkeiten zu äußern. Dadurch begünstigen wir Unsicherheiten bis hin zu Minderwertigkeitskomplexen und verfestigen sie. Es gilt vielmehr, ein konzentrationsgestörtes Kind von

18

derartigen Komplexen zu befreien und es Vertrauen und Zuversicht spüren zu lassen. Aufrichtig gemeinte Bekräftigungen und Aufmunterungen schaffen positive Beziehungen zwischen Erzieherin und Kind und wirken über das damit gestärkte Selbstvertrauen konzentrationsstärkend. Diese Beziehungen wiederum kann die Erzieherin für die Förderung der Konzentration nutzen. Selbstvertrauen stärken

Besonders konzentrationsfördernd für das Kind erweist sich die Teilnahme der Erzieherin wie der Eltern an seinen Interessen. Auch sollten sie sich bemühen, im Hinblick auf Konzentration und Beharrlichkeit ein Vorbild zu sein. Kinder lernen bekanntlich durch Nachahmung und sind kaum in der Lage, zwischen gutem und schlechtem Vorbild zu unterscheiden. Wir sollten klare Anforderungen an das Kind stellen und ihm Teilziele abstecken, die erfüllbar und lösbar sind. Hierbei ist stets zu prüfen, ob wir vom Kind auch nicht zuviel verlangen und erwarten. Wichtig für das Kindergarten- wie das Hortkind ist konsequentes Erzieherverhalten, das ihm Orientierung ermöglicht und dennoch genügend Freiräume für Spontaneität und Impulsivität bewahrt. Die Erzieherin wird sich auch stets bemühen, Neugier, Interesse und Wissensdurst der Kinder zu wecken und zu nutzen, ohne leere Betriebsamkeit und eine kindfremde Altklugheit zu begünstigen. Nicht zuletzt gilt es, das natürliche Streben des Kindes nach Selbständigkeit aufmerksam zu pflegen und zu unterstützen. an Interessen des Kindes teilnehmen erfüllbare Teilziele abstecken Neugier nutzen und Interesse wecken

Von der italienischen Ärztin und Pädagogin Maria Montessori (1870 – 1952) ist bekannt, daß sie einmal in ihrem Kindergarten ein Mädchen sah, das Holzstöpsel von unterschiedlicher Größe in die entsprechenden Öffnungen eines Holzblocks steckte, herausnahm und wieder hineinstat. Beim Hantieren mit diesem Lernmittel war die Konzentration des Kindes so groß, daß es seine Umgebung ganz vergaß. Es wurde mit seinem Stuhl und seinem Tisch weggetragen, ohne es zu bemerken. Die Tätigkeit wurde von der Kleinen 44 mal wiederholt, und als sie endlich aufhörte, blickte sie vergnügt umher und war nicht ermüdet. Für Maria Montessori wurde dieses Erlebnis zur entscheidenden Grundeinsicht ihrer Erziehungslehre, die weltweit Anerkennung fand. Spontanes Interesse ist die beste Triebfeder für Konzentration. Durch die Konzentration auf eine Sache wird das Kind zu sich selbst geführt. Bei einem Besuch in Montessorikindergärten und -schulen ist man immer wieder erstaunt, wie konzentriert, selbständig und ruhig die Kinder ihren Beschäftigungen nachgehen. Spontanes Interesse als Triebfeder für Konzentration

Montessoris Erkenntnisse Für die tägliche erzieherische Praxis bedeuten Montessoris Erkenntnisse: Das Kind muß Schwierigkeiten, Barrieren und Hürden nehmen dürfen, es muß auch seinen Willen durchsetzen können. Kinder, die immer nur auf Anordnungen und Befehle des Erwachsenen warten, bekommen keine Selbstdisziplin. Mit Appellen an Pflichtbewußtsein, Ehrgeiz und Ehre durch Eltern und Erzieher wird sich das Befinden des Kindes nicht verbessern. Im Gegenteil: Es können sich Minderwertigkeitsgefühle und Schulangst einstellen, die wiederum Ausweichverhalten bei Forderungen, Trödelei und Unsicherheit beim Kindergartenkind und zunehmend Lernunlust beim Schulkind auslösen. Eine geregelte Aufmerksamkeitshaltung wird von den Kindern **Spiel-, Arbeits- und Erholungsstunden abstimmen** erbracht werden können, bei denen die Spiel-, Arbeits- und Erholungsstunden vernünftig aufeinander abgestimmt sind. Im „Zeitalter der Reizüberflutung", wo viele Kinder den Fernsehapparat als „Ersatzerzieher" erleben, stellt besonders das Gespräch, das Zuhören und Miteinanderreden in Familie, Kindergarten und Hort ein notwendiges Gegengewicht dar. Zum Zuhören braucht der Mensch eine hohe Konzentration.

Gemeinsam erzählen und zuhören Erzieher wie Eltern sollten deshalb versuchen, Kinder für Lesungen, Bilderbücher und gute Hörspiele zu interessieren. Ein gemeinsam mit Kindern gelesenes oder betrachtetes Buch, das Erzählen einer Geschichte sowie das Gespräch im Stuhlkreis, bei dem es zum unmittelbaren Dialog mit dem Kind kommt, ist durch keinen Fernseher zu ersetzen.

4. Spiel und Konzentration

Die Welt des Kindes ist das Spiel. Es gibt ihm Lebensfreude und ist somit für seine Entwicklung von zentraler Bedeutung. Im Kleinkind- und Vorschulalter erhält die Aufmerksamkeit ihre stärksten Anregungen aus den Spielinteressen und der kindlichen dranghaften Neugier. Beim Spiel läßt sich die Aufmerksamkeitsfähigkeit des Kindes gut üben und verbessern; eine wichtige Voraussetzung für künftige Lernerfolge.

Aufmerksamkeit und Spielinteressen

Spiel unterstützt Persönlichkeitsentwicklung Das Spiel bietet dem Kind die Möglichkeit, seinen Bedürfnissen und Gefühlen Ausdruck zu verleihen. Es unterstützt so seine Persönlichkeitsentwicklung. Zugleich kommt das Spiel der gestiegenen Ent-

20

wicklung des Kindes zugute. Alles, was das Kind erlebt, wiederholt es viele Male im Spiel, um es sich geistig anzueignen. Körper, Verstand und Persönlichkeit brauchen das Spiel, damit sich Bewegung, Sinne, Denken, Sprache und Sozialverhalten im Laufe der Entwicklung voll entfalten können.

Im Spiel wird das Kind aber auch schöpferisch tätig, setzt Ideen frei, wird sensibel für das, was von anderen kommt, wird sich seiner eigenen Fähigkeiten bewußt und erlebt das eigene Ich in positiver Weise. Unbestritten ist auch die Erkenntnis, daß Kinder im Spiel die Möglichkeit haben, unbewältigte Konflikte zu verarbeiten und spontan oder längerfristig zu lösen. *Ideen freisetzen eigenes Ich positiv erleben*

Das spielende Kind fragt nicht, wozu und wieso es spielt. Es sucht nicht nach dem Zweck und Ziel des Spiels, sondern spielt einfach aus der Lebendigkeit seines Seins heraus. Im Fiktions- oder Rollenspiel (z. B. Vater-Mutter-Kinder-Spiel) ist das Kind ganz versunken in seine Rolle, ganz konzentriert. Aus diesem Spiel sollten Kinder möglichst nicht herausgerissen werden.

Neben den vom Kind selbst gewählten Freispielsituationen bietet das strukturierte Spiel der Erzieherin die Möglichkeit, erkannte Konzentrationsmängel durch gezielte Spielangebote anzugehen. Um die visuelle, auditive und motorische Aufmerksamkeit des Kindes in seiner Ganzheit anzusprechen, müssen wir bei längeren Spielzeiten stets auf den Wechsel und die Vielfalt der Spiele achten. Ein sinnvoller Wechsel der Spieltätigkeit bedeutet, daß sowohl einseitige, gleichförmige Bewegungen wie auch Bewegungsmangel vermieden werden. Bewegungsmangel- und einseitigkeit (z. B. vorwiegend Aktivitäten am Tisch) werden vom kindlichen Organismus durch eine unmittelbar darauf einsetzende übersteigerte motorische Aktivität kompensiert. Sie ist eine besondere Erscheinungsform der Ermüdung. Wird jetzt von der Erzieherin kein Spielwechsel durchgeführt, kommt es zu motorischer Unruhe, Teilnahmslosigkeit und Desinteresse. *Freispielsituationen* *sinnvoller Wechsel der Spieltätigkeit*

Für eine Förderung der Konzentrationsfähigkeit des Kindes kann das Alleinspiel eine Phase der aktiven Erholung sein. Das Kind muß deshalb die Möglichkeit für individuelle Spiele und Beschäftigungen erhalten. Besteht eine solche Möglichkeit nicht, kommt es einer Überlastung des Kindes gleich. *Alleinspiel als aktive Erholung*

Bei der Schulaufgabenhilfe im Hort hat es sich bewährt, langsame Kinder ein wenig anzuspornen, indem die vorgesehene Zeit für die Be- *Schulaufgabenhilfe* wältigung der Hausaufgaben täglich etwas begrenzt wird. Sinnvoll ist es, dem Kind einen Anreiz in Aussicht zu stellen, wenn die Aufgaben in einer vereinbarten Zeit erledigt werden. Ein gemeinsames Spiel kann so ein Anreiz sein oder das Kind darf selbst wählen, was es in der freien Zeit nach den Schulaufgaben mit der Erzieherin, allein oder in der Gruppe tun möchte. Das Kind hat es so selbst in der Hand, ob der Nachmittag mit mehr Arbeit oder mehr Spiel ausgefüllt wird.

Eine große Anzahl unterschiedlichster Konzentrationsspiele läßt sich als geeignetes Spiel- und Beschäftigungsprogramm in die Lern- und Förderbereiche von Kindergarten und Hort einbauen. Als besonders **bewährte** bewährte Spielmittel und Spielformen lassen sich z. B. nennen: **Spielmittel** Memories, Puzzlespiele, klassische Brettspiele wie Mühle, Dame und **und** Halma, Gedächtnis- und Rätselspiele, Geschicklichkeits- und Bewe- **Spielformen** gungsspiele, Zaubereien und das darstellende Spiel.

Spieldauer Bei der Spieldauer ist die zeitliche Konzentrationsfähigkeit der Kinder zu berücksichtigen. Damit sie sich auf die in den Spielen gestellten Anforderungen einstellen können, empfiehlt sich die Steigerung vom Leichten zum Schweren. Anspruchsvollere Konzentrationsspiele sollten nicht länger als 25 – 30 Minuten durchgeführt werden. Um harmonische Übergänge zu anderen Beschäftigungen zu finden, sollte bei mehreren aufeinanderfolgenden Konzentrationsspielen das letzte Spiel einen entspannenden Charakter haben. Konzentrationsspiele sind nicht allein auf den Raum angewiesen; eine große Anzahl von ihnen (z. B. aus dem Bereich der Bewegungsspiele) läßt sich gut an frischer Luft im Freien durchführen, sofern in der Umgebung keine Störquellen vorhanden sind.

konzentra- Als konzentrationsfördernd lassen sich Spielbedingungen nennen, die **tionsfördernde** von Harmonie, Freude und emotionaler Wärme getragen sind. Zu- **Spiel-** dem müssen störende Faktoren wie Bewegungsmangel, Bewegungs- **bedingungen** einseitigkeit, Lärm und Konfliktsituationen ausgeschaltet werden. Die Spielformen müssen während einer längeren Spielzeit wechseln und sowohl Belastung wie aktive Erholung anbieten. Konzentration ist ermüdbar. Geistige Anspannung ermüdet ebenso wie körperliche Aktivität. Da bei Kindern der steuernde Einfluß des Willens auf ihr Gesamtverhalten noch nicht so ausgeprägt ist wie bei Erwachsenen, beeinflussen Abgespanntheit und Müdigkeit leichter ihre Leistungsfähigkeit. Bei der Bewertung kindlicher Konzentrationsfähigkeit müssen wir diese Tatsache immer wieder berücksichtigen. Körperliche und geistige Frische, innere Ausgeglichenheit, Zuversicht und Selbstvertrauen, ebenso wie eine frohe Stimmungslage erleichtern das Sich-Konzentrieren.

Bei der Gruppe der Vier- bis Zehnjährigen können wir den Höhepunkt kindlicher Spielfreude beobachten. Ein Kindergartenkind spielt täglich zwischen 8 – 10 Stunden. Ein Grundschulkind sollte mindestens über 5 Stunden Spielzeit täglich verfügen können. Bis zu seinem 6. Lebensjahr hat ein Kind übrigens etwa 15 000 Stunden gespielt.

Die wichtigste Voraussetzung für die Beschäftigung mit Konzentrationsspielen ist nach wie vor, daß es Kindern Freude macht. Werden sie von uns zur Beschäftigung mit bestimmten Spielen und Spielmitteln gezwungen, so erreichen wir genau das Gegenteil von dem, was eigentlich erreicht werden soll. Werden z. B. ausschließlich Memories, Bilder-, Lese- und Zahlenlottos zur Konzentrationsförderung eingesetzt, entwickeln die Kinder allmählich eine Abneigung gegen alles, was mit Bildvergleichen, Formen, Mengen, Zahlen und Buchstaben zusammenhängt. *(Randnotiz: Konzentrationsspiele müssen dem Kind Freude machen)*

Das Lernfeld des Kindes ist komplexer Natur. Gerade beim Kindergartenkind vollzieht sich das Erleben ganzheitlich, d. h. kognitive, emotionale und psychomotorische Kräfte werden zugleich angesprochen. Dieser Tatsache möchten die vielfältigen Spielvorschläge dieses Buches gerecht werden, indem sie die Aufmerksamkeit des Kindes spielerisch und nicht etwa durch ein verschultes Training fördern. *(Randnotiz: ganzheitliches Erleben)*

Konzentration läßt sich nicht durch Dressur erzwingen, sie kann aber mit viel Einfühlungsvermögen wirkungsvoll gefördert werden. *(Randnotiz: keine Dressur)*

5. Spielleiterverhalten bei Konzentrationsspielen

Der Einsatz konzentrationsfördernder Spiele durch die Erzieherin ist mitentscheidend für den Erwerb kognitiver Fähigkeiten und praktischer Fertigkeiten. Ein breites Angebot an Spielen, das sowohl Anspannung als auch Bewegung und Handeln auslöst, wird den entwicklungspsychologischen Forderungen nach Ausgleich und Abwechslung gerecht.

Es liegt in der Hand der Erzieherin, für eine Spielatmosphäre zu sorgen, in der sich alle Kinder wohlfühlen und Spielbereitschaft *(Randnotiz: günstige Spielatmosphäre schaffen)* entwickeln. Durch die Beobachtung erhält die Erzieherin nicht nur wichtige Informationen über Verhaltensweisen der Kinder, sondern bekommt zusätzliche Hinweise für die künftige Planung von Spiel- und Förderungsangeboten.

Als wichtigste Überlegungen für das Spielleiterverhalten bei Konzentrationsspielen lassen sich nennen:

Die Spiele müssen dem Alter- und Entwicklungsstand der Kinder entsprechen.

Spiele in das Tagesprogramm einplanen
Konzentrationsspiele sollten wohlüberlegt in das Tagesprogramm eingeplant werden. Die Spielhandlungen müssen interessant und abwechslungsreich gestaltet sein. Wünsche, Bedürfnisse und augenblickliche Verfassung der Kinder sind ebenso zu berücksichtigen wie situative Gegebenheiten und äußere Umstände.

Erfolgserlebnisse ermöglichen
Wir suchen auch Spiele aus, die Erfolgserlebnisse vermitteln. Gerade bei Kindern, die sich ständig unter dem Durchschnittsniveau der Gruppe befinden, ist zu berücksichtigen, daß es nicht zu Mißerfolgen und damit zu Resignation kommt. Für Kinder, die über dem Durchschnittsniveau der Gruppe liegen, sollte ebenfalls eine ausreichende Förderung vorliegen, damit sie nicht unterfordert werden. Unterforderung kann zu Desinteresse führen. Zusatzaufgaben, Steigerungen des Schwierigkeitsgrades und Variationen sind hier besonders angebracht.

Spiele variabel einsetzen
Das gemeinsame Entwickeln von Spielvarianten macht nicht nur Spaß, sondern fördert auch gleichzeitig die Konzentration.

Die Erzieherin klärt ab, wieviele Kinder an den Spielen teilnehmen sollen. Handelt es sich um Förderungsangebote für Einzelne, für eine Teil- oder die Gesamtgruppe?

Wir achten darauf, daß sich Spielfreude und intensives Spiel entfalten können. Dies geschieht nur dort, wo weder Druck, Dressur, noch Lernstreß bestehen. Die spontane Ausdrucksfähigkeit des Kindes muß erhalten bleiben.

Spielmaterial und Hilfsmittel
Bei einer Reihe von Konzentrationsspielen benötigen wir Spielmaterial und Hilfsmittel. Ist genügend davon vorhanden? Was und wieviel soll eingesetzt werden? Müssen rechtzeitig für bestimmte Spiele Materialien vorbereitet und bereitgestellt werden?

Räumlichkeiten
Die Räumlichkeiten, in denen wir mit Kindern spielen, sollten atmosphärisch freundlich sein und über eine gute Belüftung verfügen. Im Freien sollte der Spielort möglichst ungestört und frei von Lärmbelästigung sein.

24

Für manche Spiele ist es wichtig, eine Sitzordnung für die Kinder festzulegen. Dies kann auch dann sinnvoll sein, um durch das Auseinandersetzen besonders unruhiger Kinder möglichst schon von vornherein Störungen auszuschalten.

Das Ansagen der Spiele kann manchmal problematisch sein. Die Kinder hören nicht richtig zu, albern herum und verstehen so die Spielregeln nicht. Um dem vorzubeugen, sollten wir vor der Ansage von Spielregeln die Kinder sich hinsetzen lassen, denn im Stehen ist es nun einmal leichter, sich zu treten und zu ärgern, so daß schnell Unruhe entstehen kann. Um bei der Erklärung von Spielregeln bei den Kindern auf Verständnis zu stoßen, sind kurze, klare, einfache Sätze der richtige Weg. Ungenau erklärte Spielregeln lassen keine Spielfreude aufkommen und irritieren. Auch sollte die Erzieherin beim Spiel mit der Gesamtgruppe darauf achten, daß alle Kinder sie sehen können und umgekehrt. *Ansagen der Spiele* *Spielregeln*

Wo es geboten ist, spielt die Erzieherin mit, dominiert dabei nicht, sondern lenkt behutsam. Mißerfolgsfrustrierte Kinder bedürfen der besonderen Ermutigung. Allein die Einsatzbereitschaft eines Kindes sollten wir würdigen. Die Erzieherin wird die Kinder vor nicht zu bewältigenden Schwierigkeiten schützen, muß sie jedoch soweit wie möglich ihre eigenen Erfahrungen machen lassen.

Die Erzieherin achtet auf die Einhaltung der Spielregeln, ohne zu schulmeistern und beobachtet die Kinder bei der Bewältigung einer Spielaufgabe (z. B. im Hinblick auf Aufmerksamkeit, Tempo, Ausdauer). Sie hilft einzelnen Kindern, ohne Ergebnisse und Lösungen vorwegzunehmen oder das Kind zu stark an sich zu binden. *Erzieherin beobachtet*

Die Dauer des Spiels bestimmen die Kinder. Wir beginnen mit kurzen Zeiten (ca. 5 – 10 Minuten) und steigern dann bis zu 30 Minuten. Bei Ermüdungserscheinungen brechen wir das Spiel ab und sorgen für einen harmonischen Ausklang. *harmonischer Spielausklang*

Kinder, die sich nur schwer konzentrieren können, brauchen eines ganz besonders: Eltern, von denen sie sich geliebt fühlen und Erzieher, die es leiten und nicht gängeln.

Die Selbstreflexion am Ende einer Spielsequenz gibt der Erzieherin Aufschlüsse über ihr Spielleiterverhalten: *Selbstreflexion der Erzieherin*

Wie war die Resonanz der Kinder auf die Spielangebote? Welche sichtbaren Reaktionen gab es? Herrschte z. B. Gelöstheit?

Bin ich (heute) selbst ausgeglichen / ruhig / nervös / gereizt / hektisch / blockiert?

Wie gehe ich auf die Gruppe / einzelne Kinder bei einer gelenkten Spielsituation ein (freundlich / schulmeisternd)?

Gebe ich den Kindern genügend Rückmeldung, Verstärkung, Lob?

Erhalten die Kinder von mir genügend Spielanreize?

Besitze ich genügend Geduld?

Nehme ich mich beim Spiel genügend zurück? Bin ich zu dominant?

Muß ich deutlicher / klarer erklären? Gebe ich Hilfestellungen? Wie? Welche?

6. Spielmittel und Spielmaterial zur Konzentrationsförderung

Merkmale guter Spielmittel

Durch die richtige Wahl der Spielmaterialien können wir die Konzentrationsentwicklung des Kindes nachhaltig unterstützen. Gute Spielmittel sollten vielfältig verwendbar sein. Für kleinere Kinder ist einfaches Spielzeug in der Regel besser geeignet als solches mit realistischen Details. Mit zunehmendem Alter wächst der Wunsch der Kinder nach Spielzeug bzw. Spielmaterialien, das den Gegenständen der Erwachsenen ähnlich ist. Da das Vorschulkind über eine rege Phantasie verfügt, sollte ihm Spielmaterial gegeben werden, das viel Raum zur Interpretation und Veränderung läßt. Es muß einen hohen Aufforderungscharakter haben und vielfältige Spiel- und Aktionsmöglichkeiten zulassen. Mechanisches und technisiertes Spielzeug läßt dem Kind wenig Raum für schöpferische Entfaltung. Es gestattet ihm nur ein Hantieren und versagt ihm das Erlebnis, etwas selbst geschaffen zu haben.

Aufforderungscharakter

Spielzeug bzw. Zeug oder Mittel zum Spielen kann alles sein, womit sich das Kind in sein Spiel vertieft. So kann es z. B. mit Naturmaterialien wie Steinen, Zweigen und Sand, mit Stoffresten, zweckentfremdeten Haushaltsgegenständen und Verpackungsmaterial ausdauernd und konzentriert spielen. Nahezu alle Materialien wirken visuell, auditiv und motorisch auf das Kind, so daß Auge, Ohr und Motorik in der Auseinandersetzung mit ungewöhnlichem und wechselndem Material geübt werden.

Damit Kinder ihre Fähigkeiten voll entwickeln können, sollten sie möglichst vielseitig spielen. Durch ein ausgewogenes Angebot kann diese Vielseitigkeit angeregt werden. Vermeiden sollten wir auf jeden Fall ein Überangebot an Spielmitteln, weil es gedankliche Zerstreuung, aber nicht die geistige Vertiefung in eine Sache fördert. *Überangebot an Spielmitteln vermeiden*

Bei der Auswahl der Spielmittel müssen auch besondere Interessen und Abneigungen der Kinder berücksichtigt werden. Ein Puzzle- oder Lottospiel z. B. hilft dem Kind umso mehr, sich auf eine ruhigere Tätigkeit zu konzentrieren, wenn es vom Kind freiwillig aus mehreren zur Verfügung stehenden Spielangeboten ausgewählt werden kann. *Interessen und Abneigungen der Kinder berücksichtigen*

Bei der Auswahl von Spielmaterial zur Konzentrationsförderung ergeben sich einige Fragen: *Fragestellungen zum Spielmaterial*

1. Ist mir das Material selbst bekannt und vertraut?
2. Welche Schwierigkeiten bietet das Material für das Kind?
3. Welchen Entwicklungsstand, welche Kenntnisse setzt es voraus?
4. Welchen Aufmerksamkeitsbereich soll das Material besonders fördern? Nach welchen Gesichtspunkten will ich es einsetzen?
5. Besitzt das Material für das Kind einen Aufforderungscharakter? Ist spontaner Umgang mit ihm möglich?
6. Ist es ein Material für eine Einzel- oder Gruppenbeschäftigung? Können die Kinder mit dem Material allein spielen oder kann es nur unter Anleitung der Erzieherin gehandhabt werden?
7. Bei umfangreichem, aus vielen Einzelteilen bestehendem Material: Welcher Zeitaufwand wird für das Aufräumen benötigt?
8. In welcher Menge, wie und wo stelle ich das Material bereit? Ist eventuell vor Spielbeginn ein bestimmtes Material anzufertigen?

Wenn sich auch viele Spiele ohne Material durchführen lassen, erfreuen sich Spiele mit Material bei Kindern im Vorschulalter besonderer Beliebtheit. Damit die Durchführung bestimmter Spielformen nicht an der Materialfrage scheitert, sollten in Kindergarten und Hort mehrfach verwendbare und ohne Mühe zu beschaffende Materialien stets griff- und einsatzbereit sein. *Spielmaterial stets griff- und einsatzbereit halten*

Das Thema Spielzeug und Spielmittel ist ebenso wie das Spiel selbst ein derart umfassender, vielschichtiger Bereich, daß eine klare Abgrenzung und Einteilung fast unmöglich ist.

Ohne Anspruch auf Vollständigkeit sind hier eine Reihe von Spielmaterialien für das Freispiel und die angeleitete Beschäftigung aufgeführt, die sich auf die Konzentrationsentwicklung des Kindes besonders positiv auswirken können.

Spielmittel-Übersichten Auf den nächsten Seiten finden Sie zwei Spielmittel-Übersichten, und zwar

1. thematisch gegliederte Spielmaterialien zur Konzentrationsförderung, mit denen das Kind allein oder mit mehreren zusammen spielen kann;
2. eine am Alter der Kinder orientierte Übersicht.

1. Spielmaterialien
(Gliederung nach Thematik und Funktion)

Memoryspiele
Kofferpacken, Verkehrszeichen-Memory, Bäume-, Früchte-, Blumen-, Tiere-Memory, „Lesememory".

Legespiele
„Sprich genau – Hör genau", Mosaike, Fünffachspiel, geometrische Formen zusammenlegen ... Einlegespiele ...

Dominospiele
„Wörterdomino", „Wörterschlange", Bilderdominos, Farbendominos, „Zahlendomino", Dominos mit verschiedenen Themen wie: Figuren legen, Jahreszeiten, Tierdomino, Verkehrszeichendomino ...

Mengen-, Zahlen- und Formenspiele
Sortierkästen (Mengen, Farben), Steckspiele, „Mengentrainer", „Rechentrainer", Zählkasten ...

Lottospiele
„Sehen und begreifen", „Sprich genau – Hör genau", „Wer – was – wohin?", „Bambino-Lotto", „Differix", „Summetrix", „Schau genau", „Lese-Lotto", „Wer braucht was?", Lottos mit verschiedenen Motiven (Tiere, Pflanzen u. a.), Märchen-Lotto ...

Puzzles
Quadratpuzzle mit vier, sechs, acht oder zwölf Teilen, „Didacta"-Puzzle mit bis zu 60 Teilen, je nach Alter entsprechend umfang-

reichere Puzzles, Einlegespiele mit verschiedenen Motiven wie Apfel, Baum, Tier (Was paßt wohin?), Aktionspuzzle mit vielen Teilen (z. B. Baustelle, Straßenverkehr, Feuerwehr, Bahnhof, Wochenmarkt u. a., Wachstumspuzzle (vom Ei zum Huhn).

Quartette
„Schwarzer Peter", „Schnipp-Schnapp" ...

Tisch- und Brettspiele
„Mensch ärgere dich nicht", Halma, Dame, Mühle, „Colorama", „Wir bauen eine Stadt", „Ratefüchse aufgepaßt", „Malefiz", „Spitz, paß auf", „Fang den Hut", „Hasch mich", „Katz und Maus", „Apfelpflücken" (für Kleinkinder), „Regentropfenspiel" (für Kleinkinder).

Montessori-Spielmaterial
z. B. Geschicklichkeitsrahmen, Montessori-Geräuschbüchsen ...

Konstruktionsspielzeug
Fröbel-Baugaben aus Holz, Stabo, Baufix, Plastikant, Stabilo, Fischer-Technik, Lego, Bauelemente aus Quadern und Rundhölzern, Baukästen verschiedener Hersteller. Die Konstruktionsspielzeuge eignen sich dann zur Konzentrationsförderung, wenn streng nach vorgegebenen Bauplänen gearbeitet wird.

Materialien und Instrumente zum Musizieren
Montessori-Geräuschbüchsen, Orffinstrumentarium, Glocken, Schellenkranz, Becken, Xylophon, Kegelrassel, klingende Stäbe, Cymbeln, Handtrommeln; selbstgefertigte Instrumente aus Joghurtbechern, Dosen, Zigarrenkisten, Blumentöpfen, Kokosschalen, Muscheln usw., Kassettenrecorder mit Geräuschen, Liedern und Tänzen für Kinder.

Materialien und Hilfsmittel für sportliche Spiele
Bälle in verschiedenen Größen, Luftballons, Seile, Taue, Bänder, Schwungtücher, Stelzen, Ringe, Stäbe, Reifen, Keulen; Ballspiele mit Schläger (Federball, Minigolf, Tischtennis, Tennis), Kugelspiele (Billard, Boccia, Krocket)

Materialien zum Malen und Basteln

Alle denkbaren Materialien zum Malen, Zeichnen und Basteln sollten stets in ausreichender Menge vorhanden sein, wie: Wachsmalstifte, Filz- und Faserschreiber, Deckfarben, Plaka- und Temperafarben, Buntstifte, Zeichenblöcke, Tapetenrollen, Papier überhaupt in jeder Form und Farbe (Karton, Buntpapier, Glanzpapier u.ä.); Bastelmaterialien aus Abfallprodukten des Haushalts (Joghurtbecher, Kartons, Kataloge, Wolle, Stoff u.ä.), Ton, Knetmassen ...

Spielmaterialien für das darstellende Spiel

Eine gut sortierte Verkleidungskiste ist für viele Rollenspiele unentbehrlich. In die Kiste gehört alles, was man schnell anziehen und handhaben kann: Jacken, Röcke, Hosen, Blusen, Oberhemden, Tücher, Hüte, Tüll, ausgediente Brillengestelle u.ä. Von Zeit zu Zeit sollte die Verkleidungskiste durchgesehen und ergänzt werden. Weitere Spielmittel für Rollenspiele sind z.B. Radio- oder Fernsehgehäuse, Telefone, alte Schreibmaschinen, Post, Kaufmannsläden, Arztkoffer und Puppenstuben; Spielfiguren (Handpuppen, Finger-, Stock- und Stabpuppen, einfache Marionetten).

2. Spielmaterialien

(Gliederung nach Alter der Kinder)

Von 3 – 6 Jahren

Bilder- und Farbendomino, Lottospiele, Murmeln, Memories, Farbwürfelspiele, Schwarzer Peter, Puppen, Stofftiere, Puppenzubehör, Sachen zum Verkleiden, Zubehör für Rollenspiele (Post, Kaufmannsladen, Arztkoffer ...), Großbauelemente, Bau- und Konstruktionsmaterial, Bilderlegespiele, Puzzle, Buntpapier, Schere, Perlen zum Auffädeln, Knetmaterial, Wachskreiden, Filz- und Buntstifte, Material zum Werken, Handarbeiten, Webrahmen, Laufbecher, Bälle, Wurfspiele, Ringe ...

Von 6 – 10 Jahren

Gedächtnisspiele (Memories, Kofferpacken), taktische Würfelspiele, Halma, Dame, Mühle, Dominos, Buchstabenspiele, Quartetts, Puzzles, Mikado, Denkspiele, Bälle, Federball, Boccia, Wurfspiele,

Springseil, Gummitwist, Murmeln, Jo-Jo, Kreisel, Stelzen, Krocket, Balanciergeräte, Rollenspielzubehör, Sachen zum Verkleiden, Handspielpuppen, vereinfachte Marionetten, Puppenbühne, Material und Werkzeug zum Bauen, Malen, Drucken, Formen, Konstruktionsmaterial, Modellbaubogen, Zauberspiele, Experimentiermaterial, Geduldspiele, Modellbaumaterial ...

Vom 10. Lebensjahr an

Gesellschaftsspiele wie für 6 – 10jährige, schwierige Gesellschaftsspiele, Zauberkasten, Denkspiele, Geduldspiele, Geschicklichkeitsspiele, Sportspiele, Sportbälle, Wurfspiele (Ringe, Scheiben, Darts), Experimentiermaterial, Aquarellfarben, Modellbaumaterial und -werkzeug, Sachen zum Verkleiden und Theaterspielen, Handspielpuppen, Marionetten, Gummitwist, Springseile, Stelzen, Balanciergeräte ...

II. Praktischer Teil

Spielesammlung – Angaben zur Handhabung

Die in dieser Spielesammlung zusammengestellten, praxiserprobten Spiele verlangen in besonderem Maße die Aufmerksamkeit des Kindes und sind deshalb sehr geeignete Hilfen zur Konzentrationsförderung. Bei den Spielen handelt es sich um Angebote zur Einzel- und Gruppenförderung. Sie sind beliebig wiederholbar, klar in der Aufgabenstellung, einfach in den Handlungsabläufen und sprechen alle Sinne an.

Angebote zur Einzel- und Gruppenförderung

Die Auswahl der Spiele berücksichtigt die im Theorieteil erörterte Erkenntnis, daß Konzentration stets die Zusammenfassung von körperlichen und geistigen Kräften auf ein Ziel ist. Kinder bevorzugen – wie Erwachsene auch – hinsichtlich ihrer Aufmerksamkeit verschiedene Sinnesgebiete. Die einen fassen besser über das Auge (visuell) auf, die anderen über das Ohr (auditiv) und wieder andere müssen über die Bewegung des Körpers (motorisch) angeregt werden, sie müssen also handeln können.

„Aufmerksamkeitstypen"

Um diese verschiedenen „Aufmerksamkeitstypen" anzusprechen, enthält die Sammlung *visuelle, auditive* und *motorische* Spielanregungen. Die Kennzeichnung und eine Unterteilung der Sammlung in 11 Spielbereiche soll Erziehern wie interessierten Eltern bei der Auswahl und Zusammenstellung ihrer Spiel- und Förderungsmaßnahmen helfen.

Jedes Spiel ist genau beschrieben, verfügt über didaktisch-methodische Hinweise, Angaben zum Alter, zur Teilnehmerzahl, zu Materialien und Variationen.

Zum schnellen Auffinden sind die Spiele von 1 – 264 durchnumeriert. Zusätzlich sind sie noch einmal im Spieleregister alphabetisch geordnet.

Spiele in den Tagesplan einbetten

Eingebettet in den Tagesplan wird die Erzieherin jeweils ihre Spielangebote zusammenstellen. Dabei sind Interessen und Bedürfnisse der Kinder zu berücksichtigen. Ebenso werden wir auf einen Wechsel zwischen leisen und lauten, ruhigen und bewegten Spielen achten. Es empfiehlt sich festzuhalten, welche Spielangebote von den Kindern angenommen wurden und welche abgelehnt wurden, und was die Gründe dafür sein könnten.

Zeichenerklärung

Drei Symbole geben sofort Auskunft darüber, welche „Aufmerksamkeitstypen" durch das jeweilige Spiel in besonderer Weise angeregt
und gefördert werden:

 visuelle Anregung

 auditive Anregung

 motorische Anregung

A = Altersangabe

(Die auf Erfahrungswerten beruhenden
Altersangaben beziehen sich auf das Min-
destalter der Kinder. Sie sollen Orien-
tierungshilfen geben. Entscheidend ist bei
gezielten Förderungen immer der Entwicklungsstand der Kinder, da bei Gleichaltri-
gen z. T. wesentliche Unterschiede bestehen
können.
Durch Variationen und Erhöhung des
Schwierigkeitsgrades verschiebt sich das
Alter entsprechend nach oben.)

S = Spielerzahl

1. Kim-Spiele und Übungen zur Sinneswahrnehmung und Speicherfähigkeit

Um sich in der Umwelt zurechtzufinden und um gesund zu bleiben, benötigt das Kind seine Sinne. Es muß sehen, hören, tasten, riechen und schmecken, um sich ein immer umfassenderes Bild von seiner Umgebung machen zu können und sie zu verstehen. Der eine oder andere Sinn wird hier und da intensiver eingesetzt. Werden bestimmte Sinne ausgeschaltet (z. B. das Auge), so übernehmen andere, wie z. B. der Hör- und Tastsinn die bewußte Wahrnehmungsaufgabe. Kinder benötigen mehr Zeit, um sinnliche Eindrücke zu verarbeiten und in ihren Erfahrungsschatz einzuordnen; eine Erkenntnis, die wir bei Spielen mit der Sinneswahrnehmung berücksichtigen müssen. Kinder betrachten und beobachten Gegenstände länger als Erwachsene, weil sie noch mehr Informationen benötigen.

Kinder benötigen mehr Zeit zur Verarbeitung sinnlicher Eindrücke

Etwa bis zum 5. Lebensjahr hören Kinder auch noch nicht so gut wie Erwachsene. Erst im 6. Lebensjahr ist das Hörvermögen voll ausgebildet. Für Kinder ist es auch noch schwierig, Geräusche zu unterscheiden und die Richtung zu bestimmen, aus der sie kommen.

Kim-Spiele

Kim-Spiele sind Spiele zur Sinneswahrnehmung und Speicherfähigkeit, bei denen es um aufmerksames Sehen, Hören, Tasten, Riechen und Schmecken geht. Spiele also, bei denen die Sinne bewußt eingesetzt und geübt werden. Ihren Namen hat diese Spielart durch den Roman „Kim" von Rudyard Kipling (1865 – 1936) erhalten. Dieses berühmte Buch handelt von Kim, einem dreizehnjährigen Jungen und dessen bewegtem Leben in Indien. Eines Tages kommt Kim zu einem Händler, der Edelsteine und Kostbarkeiten aus allen Teilen Indiens zusammengetragen hat. Dort trifft er auf einen kleinen Hindu-Jungen, der die Fähigkeit besitzt, viele Gegenstände mit einem Blick zu erfassen und sie sich zu merken. Kim ärgert sich, daß der kleinere Junge das wesentlich besser kann als er. Nach einiger Zeit überwindet er sich und bittet den Jungen, ihm zu helfen, diese Fähigkeit zu erwerben. Und so übt der kleine Hindu-Junge jeden Tag mit ihm. Dazu verwenden sie Edelsteine, Kostbarkeiten und Kunstgegenstände, deren Namen Kim noch nicht kennt, die er dabei jedoch lernt. Nach einigen Tagen kann er es fast so gut wie sein kleiner Lehrmeister. Schon bald muß Kim weiter wandern zu neuen Abenteuern, bei deren Bewältigung ihm die neu erworbenen Fähigkeiten helfen werden.

Bei einer günstigen Gelegenheit sollte die Erzieherin mit den Kindern auch darüber sprechen, wo und wann die Fähigkeiten nicht nur für Kim, sondern für einen selbst sehr nützlich sein können.

Kim-Spiele helfen die Wahrnehmungsleistungen zu verbessern. Das Kind muß seine Aufmerksamkeit gezielt lenken, wenn es z. B. spielerisch lernt, Formen wiederzuerkennen, Töne und Geräusche zu differenzieren und in Bewegungen umzusetzen. *Wahrnehmungsleistungen verbessern*

Für die Konzentrationsförderung mit Hilfe von Kim-Spielen ist es wichtig, daß die Kinder die Möglichkeit erhalten, außerhalb des visuellen Bereichs Reize wahrzunehmen, zu differenzieren und benennen zu können. Spielen wir vorwiegend mit kleineren Kindern, sollten möglichst nur Reize aus einem Wahrnehmungsbereich geboten werden. Bei Kindern vom Vorschulalter an können zusätzliche Schwierigkeiten in die Spiele eingebaut werden.

Kim-Spiele sind vorwiegend konkurrenzlose, von starren Regeln freie Spiele. Wenn sie im Wettbewerb mit anderen durchgeführt werden, achten wir darauf, daß der Konkurrenzdruck nicht zum einzigen Anlaß oder Vergnügen des Spiels wird. Die Erzieherin beobachtet und spricht hin und wieder mit den Kindern, was sie sich am besten merken können, wie lange und warum. *Erzieherin beobachtet und wertet aus*

Spielvorschläge

Sehen

Bei Spielen mit verschlossenen Augen empfinden manche Kinder zu Beginn Unsicherheit. Daran müssen wir beim Einsatz dieser Konzentrationsspiele denken. Auch sollten wir bedenken, daß manche Kinder die Augen nicht zulassen können oder „mogeln". Um den Kindern zu helfen, diese Spiele richtig zu spielen, kann man ihnen zunächst die Augen verbinden. Bei einem großen Teilnehmerkreis ist dies natürlich mit viel Zeitaufwand verbunden. Nachdem wir häufiger Kim-Spiele mit verbundenen Augen durchführten, war es den Kindern möglich, die Augen geschlossen zu halten. Dies gelang um so besser, je weniger das Siegen im Hintergrund stand, dafür mehr das Vergnügen am Spielen mit den Sinnen und am Entdecken. Eine Erkenntnis, die wir für den Einsatz dieser Spielart nutzen sollten.

1 Was liegt unter dem Tuch?

◉	
A	ab 3 / 4
S	6 – 20

Material: Verschiedene Gegenstände, Tablett und Tuch

Auf einem Tablett liegen verschiedene Gegenstände (unterschiedlich nach Größe, Form, Farbe, Zweck usw.), zunächst mit einem Tuch verdeckt. Auf ein Zeichen hin wird das Tuch entfernt und alle betrachten bei absolutem Schweigen die Dinge. Dann werden sie wieder zugedeckt. Jetzt soll jedes Kind eine möglichst große Anzahl der Gegenstände nennen, die es auf dem Tablett gesehen hat.

Variationen: 1. Ein Gegenstand wird entfernt. Welcher ist es?
2. Ein Gegenstand wird neu hinzugefügt.
3. Ein oder zwei Gegenstände müssen näher beschrieben werden. Welche Form, Farbe, usw.?

Ältere Kinder sollten die gesehenen Gegenstände nicht nur benennen, sondern auch näher charakterisieren, z.B.: Welcher Würfel zeigte oben die Zahl sechs?

2 Bilder-Kim

Material: Mehrere nicht zu kleine Bilder

⊚	
A	ab 4
S	6 – 20

Die Erzieherin zeigt allen Kindern für die Dauer von 2 bis 3 Minuten ein Bild und läßt es betrachten. Dann dreht sie das Bild um. Die Kinder beschreiben möglichst viele Einzelheiten des Bildes.

3 Frühstückstisch

Material: Geschirr

⊚	
A	ab 4
S	6 – 20

Wir decken den Tisch für 6 bis 8 Kinder zum Frühstück. Zwei Kinder drehen sich um, während zwei andere einige Teile auf dem Tisch verändern (z. B. einen Teelöffel wegnehmen, eine Tasse auf den Frühstücksteller stellen usw.). Was stimmt nicht mehr?

4 Ausschnittraten

Material: Schwarzes Tonpapier (oder alte Heftumschläge), Bilderbuch bzw. Bildmaterial, Schere

⊚	
A	ab 5
S	1 – 20

In ein festes, schwarzes Papier im DIN-A-4-Format schneiden wir drei Löcher (klein, mittel und größer). Das Lochpapier legen wir auf eine Bilderbuchseite (Kalenderblatt/Illustriertenfoto), so daß nur Ausschnitte des Bildes sichtbar sind. Die Kinder raten jetzt, wozu das sichtbare Detail gehört. Wer richtig geraten hat, darf die nächste Aufgabe stellen.

5 Wem gehören die Hände?

Material: Vorhang

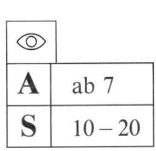

⊚	
A	ab 7
S	10 – 20

Zwei Gruppen werden gebildet; die eine verschwindet hinter einem Vorhang. Nach der Reihe werden bloße Hände vorgezeigt. Die Zuschauer sollen die „Besitzer" der Hände erraten.

6 Obsteinsammeln

A	ab 8
S	8 – 20

Die Kinder bilden zwei Parteien. Es gibt eine Partei „Äpfel" und eine Partei „Birnen". Jetzt wird ein Kind ausgewählt, das sich die Äpfel und Birnen genau merken muß. Dann wird es vor die Tür geschickt. Inzwischen tauschen „Äpfel" und „Birnen" schnell ihre Plätze. Das Kind wird von draußen wieder hereingeholt und hat nun die Aufgabe, das „Obst" wieder zu sortieren. Wird mindestens die Hälfte des Obstes richtig erkannt, hat es gewonnen.

7 Kleider-Kim

A	ab 5
S	8 – 20

Ein Kind stellt sich vor die Gruppe. Diese versucht, sich seine Kleidung genau einzuprägen. Jetzt schließen alle die Augen, während an der Bekleidung eine beliebige Einzelheit verändert wird. Wer findet die Veränderung zuerst heraus?

Variationen:
1. Ein Kleidungsstück entfernen.
2. Kleidungsstücke werden ausgetauscht.
3. Zusätzliches Kleidungsstück wird angezogen.
4. Kleidung eines aus dem Raum geschickten Spielers wird beschrieben.
5. Es wird eine Veränderung an der Frisur vorgenommen.

8 Unvollständiges ABC

A	ab 7
S	2 – 10

Material: Legebuchstaben aus Holz, Pappe oder Plastik

Wir haben Buchstaben von A – Z auf dem Tisch alphabetisch geordnet. Die Kinder drehen sich für eine Weile um. In dieser Zeit vertauschen wir einige Buchstaben oder legen einige beiseite. Wer bemerkt zuerst die Fehler?

9 Was fehlt dem Tier?

Material: Vorbereitete Bilder von Tieren

Die Erzieherin hat Bildtafeln von Tieren angefertigt, bei denen ein wichtiges Teil fehlt (z. B. fehlt einer Katze der Schwanz oder der Kuh ein Horn). Wir benötigen etwa 6 Tierbilder, die jedem Kind der Reihe nach gezeigt werden. Nach etwa 10 Sekunden flüstert das Kind das Fehlende einer Karte der Erzieherin ins Ohr, damit die anderen es nicht hören.

Varation: Anstelle der Tiere werden andere bekannte Dinge wie z. B. Verkehrsmittel unvollständig gezeichnet und von den Kindern ergänzt.

👁	
A	ab 5
S	5 – 8

10 Ich sehe was …

Um konzentriertes Beobachten geht es bei diesem bekannten Spiel, das sich auch für unterwegs oder als „Wartespiel" eignet.
„Ich sehe was, was du nicht siehst und das ist gelb!" Auf diese Herausforderung der Erzieherin sehen sich die anderen im Raum um und versuchen, diesen Gegenstand herauszufinden. Jedes Kind darf die anderen einmal raten lassen.

👁	
A	ab 4 / 5
S	2 – 20

11 Mühle-Dame-Kim

Material: Papierbogen (DIN-A-2), Filzstifte, Spielsteine

Unter Anleitung der Erzieherin malt jedes Kind einen Mühle- oder Dame-Spielplan auf. Ein ausgewähltes Kind setzt nun Spielsteine in einer beliebigen Anordnung auf einen Mühlespielplan oder ein Damespiel. Alle Mitspieler können sich jetzt 1 Minute lang die Lage der Steine einprägen. Nun wird ein Tuch darübergelegt und alle Kinder versuchen, auf ihrem eigenen Spielplan die Steine wieder genauso hinzulegen. Wer macht alles richtig oder die wenigsten Fehler? Die Anzahl der benutzten Setzsteine bestimmt den Schwierigkeitsgrad.

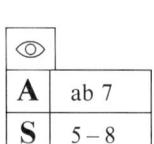

👁	
A	ab 7
S	5 – 8

Hören

Konzentrationsspiele zur auditiven Wahrnehmung bzw. Hör-Kim-Spiele wirken besonders motivierend auf Kinder. Das Ausmaß der Beeinflussung durch die akustische Umwelt ist in den letzten Jahren um ein Vielfaches angestiegen. Negative Auswirkungen auf das Gehör durch eine immer lauter werdende Umwelt zeichnen sich ab, indem Kinder täglich mit unzähligen Lauten und Geräuschen konfrontiert, geradezu überschüttet werden. Deshalb ist die Orientierungsfähigkeit, das Erkennen und Unterscheiden akustischer Reize besonders wichtig. Situationen wie sie sich z. B. im Straßenverkehr ergeben, verlangen von Kindern die volle Aufmerksamkeit und die Fähigkeit, Geräusche zu differenzieren und schnellstmöglich zu erkennen. Beim Erraten der vielfältigen Geräusche können die Kinder diese gleichzeitig mit Vorgängen und Situationen aus ihrer unmittelbaren Umgebung in Verbindung bringen.

🕮	
A	ab 5
S	4 – 20

12   Was passiert hinter dem Rücken?

Material: Verschiedene Gegenstände wie Glas, Schlüssel, Löffel, Papier, Flaschen, Tassen u. a.

Alle Kinder sitzen mit dem Rücken zur Erzieherin. Sie dürfen sich nicht umdrehen. Hinter ihnen raschelt die Erzieherin mit Papier, läßt ein Schlüsselbund fallen, klopft mit einem Teelöffel an eine Tasse, zählt Münzen, drückt auf einen Locher, spitzt einen Bleistift an usw. Die Kinder sollen erraten, was sie eben gehört haben.

Variation: Die Erzieherin schlägt mit einem Kochlöffel gegen verschiedene Gefäße: Pfannen, Töpfe, Gläser, Flaschen, Tassen, Dosen, Blumentöpfe usw.

13   Rasseldosenfänger

Material: Mit Erbsen gefüllte Becher oder Dosen

👂	✋
A	ab 5
S	10 – 20

Die Kinder bilden einen großen Kreis. Zwei gehen mit verbundenen Augen in die Mitte. In der Hand hält jeder eine Dose, die zu einem Drittel mit Erbsen (Linsen oder Reis) gefüllt ist. Einer der beiden Spieler ist der Fänger, der den anderen fangen soll. Die Rasseldosen verraten die Position, je nachdem wie geschickt sich die beiden bewegen und je nachdem, ob sie mit ihrer Dose lärmen wollen oder nicht.

14   Ähnliche Namen

👂	
A	ab 5
S	10 – 20

Es werden zwei Gruppen gebildet: Die eine Gruppe flüstert ähnlich klingende Wörter, die in etwa 3 Meter Entfernung von der anderen Gruppe wiederholt werden müssen. Dann wird gewechselt.
Beispiele: Müller, Mütter, Mühle, wühlen, Stühle – sagen, Magen, fragen, klagen, schlagen – Säule, Keule, Beule, heulen, Eulen.

15   Wer sitzt neben mir?

Material: Tücher zum Augenverbinden für die Hälfte der Spieler

👂	
A	ab 6
S	10 – 20

Alle Kinder sitzen im Stuhlkreis. Es wird zu zweien abgezählt. Während Nr. 1 auf dem Stuhl sitzen bleibt, steht Nr. 2 auf, verbindet dem linken Nachbarn die Augen (gegebenenfalls mit Hilfe der Erzieherin) und geht dann in die Kreismitte. Auf ein Zeichen der Erzieherin beginnen alle mit einem vorher verabredeten Lied. Während des Singens setzen sich die Kinder innerhalb des Kreises auf einen der freien Stühle und singen weiter mit.
Gibt die Erzieherin ein Zeichen, so hören alle mit dem Singen auf. Jeder Sitzende muß nun den Namen seines linken Nachbarn sagen. Hat er ihn richtig geraten, werden die Plätze getauscht. Wenn nicht, bleibt er auch in der kommenden Runde noch im Kreis sitzen.

16 Versteckter Wecker

👂	
A	ab 4
S	6 – 10

Material: 1 mechanischer Wecker

Ganz still muß es bei diesem Spiel zugehen. Deshalb sollte eine entsprechend günstige Situation im Tageslauf gewählt werden. Jeweils ein Kind läßt sich die Augen verbinden. Es kniet sich nieder und versucht einen in etwa drei Meter Entfernung stehenden mechanischen Wecker zu finden. Die Hände sollen bei der Suche nicht benutzt werden.

17 Hänschen, piep mal!

👂	
A	ab 3
S	10 – 20

Ein schon für die Jüngsten geeignetes Spiel, bei dem ein Kind mit geschlossenen Augen in der Mitte eines Stuhlkreises steht. Die Kinder wechseln mehrmals ihre Plätze. Dann setzt sich der „Blinde" einem Spieler auf den Schoß und bittet ihn, zu piepen. Bei Erkennen erfolgt Rollenwechsel.

18 Wo ist die Katze?

👂	
A	ab 5
S	5 – 10

Die ganze Spielgruppe steht mit geschlossenen Augen still im Raum. Zwischen ihr bewegt sich eine leise miauende „Katze". Alle Kinder zeigen mit der Hand in die Richtung, in der sie die Katze vermuten. Ruft die Erzieherin „Augen auf!", kann jedes Kind überprüfen, ob es die Bewegungen der Katze im Raum richtig verfolgt hat. Nach einem Durchgang wird die Katze ausgewechselt.

19 Wer hat das Glöckchen?

👁	👂	
A	ab 4	
S	8 – 20	

Material: Ein kleines Glöckchen

Für einen Augenblick wird ein Kind aus dem Raum geschickt. Die anderen Kinder stellen sich hintereinander auf und kreuzen dabei die Hände auf dem Rücken. Einer der Spieler erhält ein Glöckchen, das er hinter seinem Rücken versteckt hält. Jetzt wird das Kind dazugerufen, und das Glöckchen ertönt. Es muß raten, wer das Glöckchen hinter seinem Rücken versteckt. Wenn das Kind richtig rät, darf der Spieler hinausgehen, der das Glöckchen versteckt hielt.
Die Erzieherin läßt die kleineren Kinder bei diesem Spiel mehrmals raten.

20 Suche nach Gesang

Material: Beliebiger Gegenstand zum Verstecken

Wir haben einen Gegenstand versteckt. Ein Kind muß ihn suchen, und zwar nach einer bekannten Melodie, die der Kreis singt. Wird leise gesungen, so ist das Versteck weit weg vom Suchenden. Je näher das Kind an das Versteck herankommt, desto lauter wird das Lied gesungen.

🦻	
A	ab 4
S	6 – 20

21 Geräusche aus der Dose

Material: Je Gruppe 8 Gläschen von Babynahrung oder Joghurtbecher bzw. leere Milchdosen, Reis, Linsen, Erbsen, Sand, Kaffeebohnen, kleine Perlen, Wasser u. ä.; Papier, Schere, Klebstoff, Schreiber

🦻	
A	ab 5
S	8 – 10

Die Idee, „Geräuschdosen" zur Konzentrationsförderung einzusetzen, wurde erstmals von Maria Montessori umgesetzt. Für einen Spielsatz werden 8 gleiche Gefäße (siehe Material) benötigt. Zum Bekleben wird Papier verwendet. Als Inhalt eignen sich Erbsen, Linsen, Sand, Korkspäne, Wasser usw. Eine kleine Menge vom gleichen Material wird in je zwei Dosen hineingegeben. Die Dosen werden so beklebt, daß der Inhalt nicht herausfallen kann und von außen nicht zu erkennen ist. Die Kinder sollen nun durch Schütteln erkennen, in welchen beiden Gefäßen der gleiche Inhalt ist. Gemeinsam werden die Geräusche beschrieben, z. B. hell / dunkel, laut / leise, schrill / dumpf usw.
Damit sich die Kinder selbst kontrollieren können, markieren wir die Dosen auf der Unterseite.

22 Namengeflüster

Um aufmerksames, genaues Zuhören geht es auch bei diesem Spiel, für das die Kinder in zwei Gruppen aufgeteilt werden und sich im Raum an zwei gegenüberliegenden Wänden aufstellen. Ein Kind flüstert den Namen eines Kindes aus der anderen Gruppe und setzt sich. Das aufgerufene Kind flüstert nun ebenfalls einen Namen und setzt sich. Die Erzieherin achtet darauf, ob alle Kinder gut hören können.

🦻	
A	ab 5
S	12 – 20

23 Wer steht hinter dir?

A	ab 3
S	10 – 20

Die Kinder sitzen im Stuhlkreis. Die Erzieherin winkt ein Kind zu sich. Es legt den Kopf auf ihren Schoß, so daß es nichts mehr sehen kann. Nun wird ein Mitspieler ausgesucht, der hinter das Kind tritt und sagt: „Eins, zwei, drei, vier, wer steht hinter dir?" Fällt das Erkennen zu schwer, gibt die Erzieherin kleine Hilfestellungen. Jedes Kind kommt einmal an die Reihe.

24 Ballon-Geflüster

A	ab 5
S	10 – 20

Material: 2 aufgeblasene Luftballons; kleine Bildkarten

Die Gruppe sitzt im Stuhlkreis. In der Mitte der Spielfläche stehen, mindestens drei Schritte voneinander entfernt, zwei Teilnehmer. Jeder hält seine Ohrmuschel dicht an seinen Luftballon. Die Partner der beiden Ballon-Hörer eilen auf ein Startzeichen zur Erzieherin und deren Gehilfen. Sie bekommen dort eine Karte gezeigt, auf der ein Gegenstand abgebildet ist. Dann laufen sie zu ihrem Spielpartner und flüstern – die Lippen dicht am Ballon – den gemerkten Gegenstand gegen die Ballonhülle. Dies geschieht so leise, daß keiner im Raum die Worte hört. Wer von den Spielpartnern die geflüsterten Worte zuerst laut wiederholt hat, ist Sieger.

25 Blindwurf

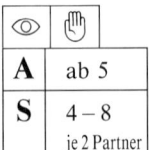

A	ab 5
S	4 – 8 je 2 Partner

Material: weiche Softbälle, Korb oder Karton / Kiste / Reifen

Zwei Kinder werfen sich gegenseitig einen Softball zu. Der werfende Spieler schließt die Augen.

Variation: Ein Kind wirft mit geschlossenen Augen kleine Gummibälle bzw. Softbälle in ein Ziel (Kiste, Korb, Reifen) und läßt sich durch Zuruf von der Erzieherin oder einem anderen Kind korrigieren.

26 Blinder Organist

Material: Tücher zum Augenverbinden

🦻	
A	ab 5
S	5 – 8

Einem Kind, dem „Orgelspieler", werden die Augen verbunden. Die Mitspieler übernehmen die Rolle von „Orgelpfeifen" und sitzen auf ihren Stühlen.

Der Organist geht von einem Mitspieler zum anderen und zupft jeden behutsam am Ohr oder an der Nase. Daraufhin gibt die entsprechende Orgelpfeife dreimal einen Ton von sich. Der Organist muß raten, wie die Orgelpfeife heißt. Hat er richtig geraten, werden die Rollen getauscht.

27 Schatzräuber

Material: 1 Tuch, 1 beliebiger größerer Gegenstand als „Schatz"

🦻	✋
A	ab 4
S	8 – 10

Ein Kind ist der „König". Er bewacht einen wertvollen „Schatz" und sitzt mit verbundenen Augen in der Ecke des Gruppenraumes, während die anderen Kinder auf der anderen Seite stehen. Nun schleicht einer nach dem anderen zum „Schatz" und versucht, ihn zu stehlen. Wenn der „König" den „Schatzräuber" ertappt, ruft er „Wache, Wache!" und der Schatzräuber muß dort sitzen bleiben, wo er ertappt wurde.

Neuer „König" wird der, dem es gelingt, den „Schatz" zu stehlen.

28 Tönender Koffer

Material: 1 Koffer, Dosen, Wecker, Küchengeräte

🦻	
A	ab 4
S	10 – 15

Die Erzieherin hat in einen Koffer Gegenstände gepackt, die auf irgendeine Art und Weise tönen. Ein Kind sitzt hinter dem aufgeklappten Deckel und läßt den ersten Gegenstand ertönen. Wer ihn zuerst benennen kann, darf jetzt selber hinter den Koffer gehen und ein Geräusch erzeugen.

🦻	✋
A	ab 4
S	3 – 12

29 Tellerstapler

Material: 5 Teller

Die Erzieherin erklärt: „Stellt euch vor, im Nebenzimmer schläft jemand, er darf nicht geweckt werden. Es müssen aber 5 Teller aufeinandergestellt werden."
Aus dem Kreis wird ein Kind benannt, das nun ganz leise die Teller stapelt. Hört ein Kind aus dem Kreis etwas, so hebt es die Hand. Ist der Vorgang beendet, kommt ein anderes Kind an die Reihe.

A	ab 4
S	3 – 10

30 Kassettenrecorder-Spiele

Material: 1 Kassettengerät mit verschiedenen Geräuschaufnahmen

Der Kassettenrecorder erweist sich für eine ganze Reihe von Konzentrationsspielen als sehr hilfreiches Medium.

Einige Beispiele:
1. Aufgenommene Umweltgeräusche aus dem Alltag, dem Straßenverkehr oder der Technik müssen erraten werden (z. B. verschiedene Verkehrsmittel, Telefon, Küchenmixer, Uhren, Sturm, usw.).
2. Die Erzieherin spielt eine Reihe von Geräuschen ab. Beim zweiten Abspielen fehlt ein Geräusch oder ist gegen ein anderes ausgetauscht.
3. Schwieriger: Künstlich erzeugte Umweltgeräusche müssen ebenso wie ihr Zustandekommen geraten werden. Welche Hilfsmittel wurden z. B. beim Pferdegetrappel und beim Regen benutzt?
4. Noch schwieriger: Die Kinder sollen aufgenommene Körpergeräusche (z. B. Fingerklopfen, Händereiben, Zähnemahlen usw.) erkennen.
5. Im Gruppenraum (auf dem Kindergarten / Hortgelände) hat die Erzieherin einen Kassettenrecorder eingeschaltet, der ganz leise läuft. Wer findet ihn?

Tasten

Durch das Tasten, das Erkennen mit der Hand, lernen Kinder, ihre Aufmerksamkeit auf die wesentlichen Merkmale eines Gegenstandes zu richten. Sie bringen diese mit Erfahrungen und bekannten Tatsachen in Verbindung, um den Gegenstand zu erraten. Das Unterscheiden relativ unwichtiger von wichtigen Eigenschaften führt zu verbesserten Differenzierungsleistungen. Die Erzieherin achtet darauf, daß die Kinder bei diesen Spielen laut denken können und beim Erkennen und Benennen von Gegenständen und deren Eigenschaften ihren Wortschatz erweitern können. Neben der Konzentration wird gleichzeitig die sinnhafte inhaltliche Bedeutung bekannter Worte und Begriffe geformt.

31 Tastsack

🖐	
A	ab 3 / 4
S	2 – 10

Material: 1 Stoffsack oder Kissenbezug, verschiedene Gegenstände (Spielautos, Steine, Bauklötze, Buch, Kamm, Muschel, Puppe usw.)

Die Erzieherin steckt verschiedene Gegenstände in einen Beutel. Jedes Kind darf in den Beutel greifen und die Dinge abtasten. Nach einer bestimmten Zeit geht der Beutel an den nächsten Mitspieler weiter. Wer hat alle Gegenstände richtig ertastet? Wie viele Gegenstände waren es?

Variationen:
1. Die Kinder „erfühlen" nacheinander im Tastsack verschiedenartige Spielzeuge (oder Gebrauchsgegenstände), beschreiben sie dabei und begründen ihre Vermutung.
2. Es befinden sich zwei gleiche Gegenstände im Sack. Das Kind muß durch Tasten das Paar herausfinden.
3. Ähnliche Gegenstände werden in den Sack gepackt; z.B. runde Dinge wie Apfel, Kugel, Ball, Ei oder längliche wie Löffel, Lineal, Bleistift . . .

32 Es liegt auf der Hand

A	ab 4/5
S	2 – 20

Material: Ei, Kartoffel, Würfelzucker, Watte, Schwamm, feuchter Lappen, Orange, Bürste, Ball, Stein ...; 1 Tuch

Einem Kind werden die Augen verbunden. Dann legt ihm die Erzieherin 3 bis 5 Gegenstände auf die ausgestreckte offene Hand. Das Kind muß raten, um welche Gegenstände es sich handelt. Es darf dabei weder die andere Hand zu Hilfe nehmen, noch die Fühlhand bewegen.

33 Doppelter Tastbeutel

A	ab 4
S	2 – 10

Material: 1 vorbereiteter Wäscheklammerbeutel, beliebige kleinere Gegenstände

Ein Wäscheklammerbeutel, der sich umbinden läßt, ist von der Erzieherin zusammengenäht worden, daß zwei Taschen entstanden sind. Links und rechts werden je 8 – 12 gleiche Gegenstände (Bleistifte, Schrauben, Murmeln, Radiergummis, kleine Spielzeugautos, Büroklammern u. a.) hineingelegt. Die Kinder versuchen nun nacheinander, aus dem umgehängten Beutel blind die Gegenstandspaare herauszufinden.

34 Tastleiste

A	ab 4/5
S	2 – 15

Material: Holzleiste mit aufgeklebten Tastmaterialien; Tuch

Die Kinder ertasten mit verbundenen Augen auf einer „Tastleiste" verschiedene Materialien wie z. B. Seide, Cordsamt, Samt, Pappe, Sandpapier, Gummi, grobes Leinen, Schmirgelpapier, Leder u. a. Die verschiedenen Oberflächen sollen erkannt und beschrieben werden.

Variation: Wir bereiten Tastplatten-Paare vor, die vom Kind mit geschlossenen Augen zusammenzustellen sind.

35 Wo juckt es?

Ein Spieler entblößt seinen Unterarm und schließt die Augen. Ein zweiter Spieler tippt dessen Arm an. Der erste Spieler soll anschließend die gleiche Stelle ertasten. Gelingt es ihm?

✋	
A	ab 4
S	2 – 20

36 Kleine Tast-Olympiade

Material: Verschiedene Tast-Utensilien; Tücher

✋	
A	ab 4
S	8 – 20

Bei dieser Spielfolge haben die Teilnehmer mit verbundenen Augen verschiedene Aufgaben zu bewältigen:
1. Gefäße (Schüssel, Kanne, Teller, Trinkbecher, Krug, Tasse u. ä.) betasten und erraten.
2. Besondere Merkmale von Gegenständen sind zu ertasten (rund, spitz, hart, weich, lang, kurz usw.).
3. Mit verbundenen Augen einen Baukasten einpacken.
4. Schuhe sortieren (auch als Wettspiel möglich – 2 Kinder mit verbundenen Augen).
5. Die Kinder fädeln verschieden große Perlen auf.
6. Mit verbundenen Augen werden Nüsse sortiert (Hasel-, Wal-, Para-, Erdnüsse).
7. Verschiedene Obst- und Gemüsesorten müssen ertastet werden.

37 Bunter Vogel

Material: Buntes Papier, Schere, Tesafilm, Tuch

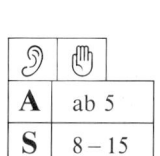

👂	✋
A	ab 5
S	8 – 15

Ein Kind wird zum „Bunten Vogel". An seiner Kleidung befestigen wir mehrere ca. 10 cm lange Papierstreifen mit Tesafilm. Dann verbinden wir die Augen dieses Spielers und stellen ihn in die Raummitte. Ein Kind nach dem anderen versucht nun, dem bunten Vogel eine „Feder" wegzunehmen, ohne daß es dabei von ihm gehört oder berührt wird. Jeder hat für einen Versuch nur 30 Sekunden Zeit und darf nur eine einzige Feder wegtragen. Sobald sich alle Kinder abgelöst haben, kommt wieder das erste an die Reihe. Wer vom bunten Vogel erwischt wird, scheidet aus. Gespielt wird so lange, bis der Vogel alle Federn eingebüßt hat. Sieger ist, wer die meisten erbeuten konnte.

38 Büroklammer-Kette

A	ab 6
S	2 – 10

Material: Je Kind 12 Büroklammern, Tücher

Jedes Kind erhält 12 Büroklammern. Dann werden allen Spielern die Augen verbunden. Jeder soll nun für sich versuchen, so schnell wie möglich aus den Klammern eine lange, zusammenhängende Kette zu bilden.

Variation: Die Kinder können auch nacheinander zum Wettstreit antreten. Dann haben die, die nicht an der Reihe sind, ihren Spaß beim Zuschauen. Bei dieser Spielversion stoppt die Erzieherin die Zeit, so daß derjenige Sieger werden kann, der die Aufgabe am schnellsten löst.

39 Blinder Schneider

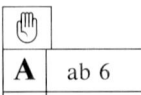

A	ab 6
S	2 – 10

Material: Tuch oder Augenbinde, Kleidungsstücke

Zwei Kinder stehen sich gegenüber. Einem Kind, dem „blinden Schneider", werden die Augen verbunden. Er versucht nun, den Spielpartner mit alten Kleidungsstücken (Hose, Hemd, Jacke, Schal, Hut) anzuziehen.

40 Kurierspiel

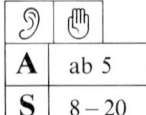

A	ab 5
S	8 – 20

Material: Tuch oder Augenbinde

Alle Kinder bis auf eines sitzen im Kreis. In der Kreismitte befindet sich ein „Kurier", dem die Augen verbunden wurden. Jeder Mitspieler bekommt den Namen einer Stadt (z. B. Berlin, Hamburg, Lübeck, Freiburg, München, Weinheim, Köln). Der „Kurier" kündigt nun einen Brief an: „Ein Brief von Lübeck nach Freiburg!" Die Spieler, die diesen Städtenamen haben, müssen nun möglichst schnell die Plätze tauschen. Während sie an dem „Kurier" vorbeigehen, müssen sie ihn kurz berühren, ohne aber dabei von ihm geschnappt zu werden. Wer erwischt wird, löst den „Kurier" ab.

41 Stühle in Schälchen

Material: 2 Stühle, 8 Plastikschälchen, 2 Augenbinden

👂	✋
A	ab 5
S	6 – 20

Sitzkreis. In die Mitte haben wir zwei Stühle gestellt und wahllos acht Schälchen verteilt. Zwei Kinder versuchen nun mit verbundenen Augen je ein Schälchen zu greifen und unter ein Stuhlbein zu stellen. Wer hat alle vier Schälchen zuerst unter seinem Stuhl?

42 Blinder Spaziergang

✋	
A	ab 5
S	8 – 20

Um Konzentration auf den Partner und das Erleben eines ungewohnten Zustands geht es bei dieser Vertrauensübung. Bis zu 20 Kinder befinden sich im Raum. Sie bilden Paare. Die Paare stehen sich gegenüber, und jedes Kind streckt seine Arme schräg nach oben. Die Hände berühren sich an den Fingerspitzen. Ein Kind schließt die Augen, das andere führt den Partner durch den Raum. Nach ein bis zwei Minuten wird gewechselt. Die Kinder berichten, was sie dabei erlebt haben.

Variation: Ein Kind führt ein anderes am Unterarm vorsichtig durch den Raum. Das geführte Kind hat die Augen geschlossen. Der Sehende schaut für den anderen voraus, kündigt an, wann sich etwas in der Beschaffenheit des Weges ändert, läßt den Spielpartner auf dem Weg Gegenstände ertasten oder riechen, läßt ihn horchen, wo er sich befindet.

43 Kleidung erkennen

👂	✋
A	ab 5
S	8 – 20

Alle Kinder sitzen im Stuhlkreis, während ein Kind mit geschlossenen Augen um den Stuhlkreis herumgeht, wechseln alle noch einmal die Plätze und setzen sich. Auf ein akustisches Zeichen bleibt der Suchende stehen und berührt den zunächst sitzenden Spieler an den Schultern. Findet er heraus, wer es ist?

44 Tastschnur

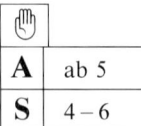

A	ab 5
S	8 – 10

Material: 1 Schnur, an der 6 – 8 beliebige Gegenstände befestigt sind

Wir sitzen mit geschlossenen Augen im Kreis. Rundum, von Hand zu Hand, wandert eine Schnur, an der wir vorher 6 – 8 Gegenstände festgebunden haben. In einer zweiten Runde fehlt ein Gegenstand. Welches Kind findet heraus, was von der Schnur entfernt wurde?
Die Steigerung des Schwierigkeitsgrades erfolgt durch die erweiterte Zahl der Gegenstände.

45 Tastkartenspiel

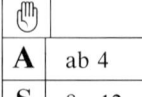

A	ab 5
S	4 – 6

Material: Je Spielgruppe etwa 20 Karten in Postkartengröße, von denen je 2 Karten mit dem gleichen Material beklebt sind (z.B. mit Plastikfolie, Tapete, Wollstoff, Samt, Furnierholz, Alufolie, Filz, dünnem Schaumstoff u.a.), Augenbinden

Die Erzieherin legt die Karten verdeckt auf den Tisch. Jedes Kind hat die Augen verbunden. Der Reihe nach darf jedes zwei Karten umdrehen und betasten. Weisen sie das gleiche Material auf, so darf das Kind sie an sich nehmen; wenn nicht, legt es sie wieder verdeckt zur Mitte.

46 Unterm Tisch

A	ab 4
S	8 – 12

Material: Beliebige Gegenstände (z.B. Walnuß, Muschel, Schwamm, Figur, Bürste, Stein u.a.)

Die Kinder sitzen um einen Tisch herum. Die Erzieherin gibt unter dem Tisch Gegenstände von Kind zu Kind weiter, die sie nur tasten, aber nicht sehen. Wer kann sich hinterher an die meisten Dinge erinnern?
Je nach Alter der Teilnehmer wird die Zahl der Gegenstände variiert.

47 Zielscheibe

Material: Großer Papierbogen, Filzstift, Tücher

A	ab 5
S	2 – 8

Wir malen auf einen großen Papierbogen mit Filzstiften eine Zielscheibe. Die Ringe erhalten verschiedene Werte. Der höchste ist natürlich in der Mitte. Etwa 2 Meter von der Zielscheibe entfernt werden einem Spieler nach dem anderen die Augen verbunden. Jeder kann jetzt versuchen, mit dem ausgestreckten Zeigefinger die Zielscheibe zu berühren und möglichst in der Mitte zu treffen. Sieger ist, wer die höchste (oder eine vorher abgemachte) Punktzahl erreicht hat.

48 Klammersucher

Material: Wäscheklammern, Tücher

A	ab 5
S	2 – 20

Zwei Kindern werden die Augen verbunden. An ihrer Kleidung befestigen wir je 10 Wäscheklammern an allen möglichen Stellen. Nun sollen die beiden so schnell wie möglich beim anderen die Klammern durch Ertasten ausfindig machen und diese einsammeln.

49 Fühlbare Zeichnung

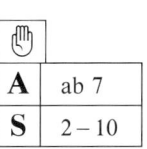

A	ab 7
S	2 – 10

Ein Spieler schließt die Augen, und ein anderer nimmt dessen Hand und beginnt in sie mit dem Zeigefinger eine Figur zu zeichnen. Der „Blinde" soll jetzt raten, was in seine Hand gemalt wurde.

Variation: Es werden Zahlen oder einfache Wörter in die Handfläche oder auf den Handrücken geschrieben. Die Erzieherin achtet darauf, daß die Figuren (Zahlen und Wörter) groß und vor allem langsam gezeichnet werden, da das Erraten sonst zu schwierig ist.

Riechen und Schmecken

Unser Geruchssinn, der in erster Linie ein Warn- und Locksinn ist, scheint beim Menschen nicht besonders ausgeprägt zu sein. Die beiden wesentlichen Funktionen Vermeidung und Anziehung werden durch den „Gestank" (z. B. Gasgeruch) und die „Düfte" (z. B. Parfüm) repräsentiert.

Geruch und Geschmack gehören zusammen; sie sind eng miteinander verflochten. Wir riechen beim Essen, und umgekehrt steigen Geschmacksreize auch vom Rachenraum auf. Auf der Zunge lassen sich, was Kindergartenkindern zum Teil noch schwer fällt, Geschmacksrichtungen unterscheiden: bitter, sauer, salzig, süß.

Jedes Kind hat einmal angenehme und unangenehme Erfahrungen mit seiner Zunge und dem Geschmackssinn gemacht. Bei den folgenden Spielen haben die Kinder die Möglichkeit, mit bekannten Empfindungen umzugehen. Dabei wird die Aufmerksamkeitshaltung, Neugier, Spannung und Freude am Raten durch die verbundenen bzw. geschlossenen Augen gefördert.

Mit den Kindern wird die Erzieherin vorher die Geruchs- und Geschmacksgegenstände besprechen und ihnen Gelegenheit geben, sie kennenzulernen. Erst dann wird sie ihnen den Spielverlauf erklären und das jeweilige Spiel durchführen.

Die Erzieherin sollte die Kinder auch fragen, warum sie bestimmtes nicht riechen bzw. schmecken mögen, welche Dinge ähnlich riechen / schmecken usw. Die Spiele dienen auch dazu, die Aufmerksamkeit der Kinder z. B. auf mögliche Gefahren zu lenken, die im Riechen und Ausprobieren unbekannter Stoffe und Flüssigkeiten liegen können.

50 Riech-Kim

Materialien: Siehe Spielverlauf

A	ab 5
S	1 – 10

1. In kleinen Schälchen oder Tüten befinden sich pulverisierte Stoffe, die von den Kindern mit verbundenen Augen errochen und benannt werden sollen; z. B. Kakao, Pfefferminze, Vanille, Zimt, Kamille; verschiedene Kräuter und Gewürze (außer Pfeffer und Paprika).
2. Die Erzieherin hat verschiedene Früchte aufgeschnitten. Einmal werden einheimische, ein anderes Mal fremdländische Früchte zusammengestellt. Schwieriger ist es bei geschlossenen Früchten oder bei Trockenobst, die nicht soviel Aroma verbreiten. Riechproben: Apfel, Banane, Apfelsine, Ananas, Erdbeere, Pfirsich, Weintraube, Aprikose ... Am Schluß wird das Obst von den Ratenden verzehrt.

51 Erriechen und Erschmecken

Material: Siehe Spielverlauf

A	ab 5
S	6 – 10

Wir reichen kleine Gläser mit verschiedenem Inhalt herum – für die Augen nicht sichtbar (Augen schließen lassen oder Tuch umbinden) – wird der Inhalt „errochen", dann werden auf Teelöffeln kleine Proben zum „Erschmecken" angeboten. Beispiele: Käse, Honig, gekochtes Ei, Gurke, Tomate, Kartoffel, Lebkuchen ...

52 Riechrallye

A	ab 5
S	6 – 10

Material: Siehe Spielverlauf

Für diese „Rallye" bereiten wir eine Tastspur vor, indem wir z. B. Tesakrepp auf den (sauberen) Fußboden kleben. Über die Strecke verteilt stehen kleine Dosen mit starken Gerüchen (z. B. Seife, Käse, Zwiebel, Kaffee, Pfefferminz, Knoblauch, Nelke . . .).

Wer findet mit verbundenen Augen (die Erzieherin hilft beim Orientieren) zur Zieldose, in der sich, wechselnd für jeden Spieler, ein unterschiedlicher Geruch befindet?

Etwa eine Handbreit vor jeder Riechdose wird unter die Tastspur ein Mugelstein gelegt. Er gibt den Hinweis, daß jetzt eine nächste Riechprobe folgt. Die Teilnehmer der Rallye werden über den Spielverlauf informiert, verlassen dann den Raum und kommen einzeln mit verbundenen Augen zurück. Für jeden, der die Rallye schafft, gibt's eine kleine Überraschung.

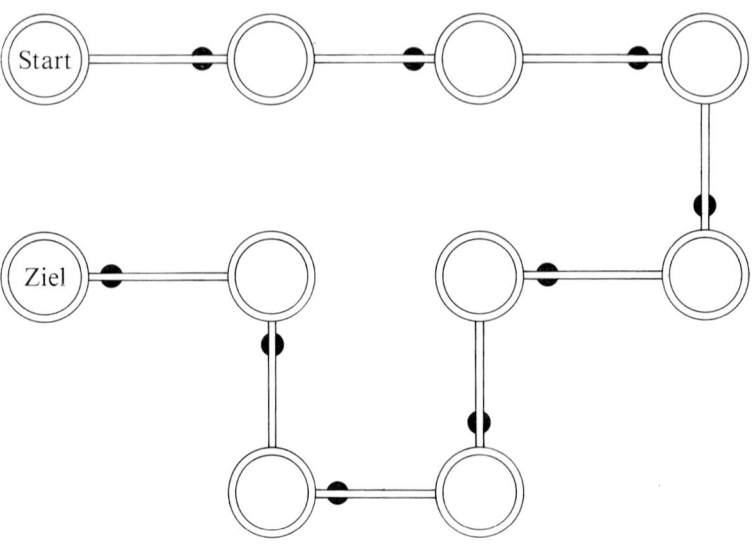

53 Rate, was du ißt und trinkst!

Material: Siehe Spielverlauf

A	ab 4
S	1 – 20

Bei einem Geschmacks-Kim sollten Kinder immer erst mit offenen Augen prüfen können, was süß, sauer, salzig oder bitter schmeckt. Danach schließen die Kinder die Augen und lassen sich eine kleine Kostprobe in den Mund stecken. Wer kann angeben, was er versucht hat?

Einige Schmeck-Beispiele:
1. Obst und Gemüse: Apfelsine, Clementine, Pampelmuse, Zitrone, Apfel, Ananas, Gurke, Tomate, Kartoffel, Sellerie, Lauch . . .
2. Verschiedene Puddinge: Wackelpudding (Himbeer/Waldmeister), Vanille-, Schokoladen-, Karamelpudding, Grießpudding . . .
3. Verschiedene Joghurts: Naturgeschmack, mit Kirsche, Pfirsich, Banane, Apfel, Himbeere . . .
4. Verschiedene Nahrungsmittel: Brot, Nuß, Zwiebel, Kuchen, Senf, Kümmel, Zwieback, Quark, Karotte . . .
5. Getränke: Milch, Kakao, Tee, Apfelsaft, Mineralwasser, Trinkjoghurt . . .

2. Gedächtnisspiele, Puzzles, Memories, Dominos und Legespiele

Das menschliche Gedächtnis ist ein Gebiet, das trotz intensivster Forschung wohl noch lange auf seine Vollendung warten muß. Fest steht, daß ein gutes Gedächtnis zum intelligenten Menschen gehört. Dennoch gibt es viele kluge Leute, die Schwierigkeiten haben, sich z. B. Namen, Gesichter oder Zahlen zu merken. Auch hat niemand ein ununterbrochen gleiches Gedächtnis; eine Tatsache, die auch für unsere Konzentration zutrifft.

Unser Gehirn verwahrt in ständiger Weiterverarbeitung eine ungeheure Menge gewesener Ereignisse und Sachverhalte. Ohne diese Fähigkeit könnten wir weder sprechen, laufen, lesen noch radfahren. Zu allen psychischen Prozessen, auch zukünftigen, gehört die Erfahrung vergangener Handlungen. Die Reihenfolge unseres Gedächtnisgebrauchs besteht in Einprägen, Behalten und Abrufen.

Gedächtnis = Einprägen, Behalten, Abrufen

Das Gedächtnis und unsere Merkfähigkeit sind abhängig von der Motivierung, den gemerkten Inhalten, der Stimmungslage, der Einübung und von den Sinnzusammenhängen. Während beim Kleinkind die Gedächtnisleistungen noch labil und wenig dauerhaft sind, können wir beim Kind im Vor- und Grundschulalter schon eine allgemeine Verbesserung und entscheidende Stabilisierung der Merkfähigkeit und der Behaltensleistungen registrieren. Grund hierfür ist die fortschreitende intellektuelle Leistungsfähigkeit des Kindes und eine zunehmend realitätsbezogene Grundhaltung des Kindes. Die Merkfähigkeit, Gedächtnis- und Behaltensleistungen stehen in enger Beziehung zur Fähigkeit des Kindes, sich zu konzentrieren. Die gelenkte Aufmerksamkeit auf einen Lerngegenstand hilft ihm, sich diesen besser anzueignen und zu behalten. Konzentrations- und Gedächtnisspiele mit figürlich-bildhaftem Material eignen sich, ebenso wie Wortspiele, besonders für Kinder vom 5. Lebensjahr an. Um die Konzentrations-, Einprägungs- und Behaltensleistungen positiv zu beeinflussen, sollten je nach Situation und Bedarf ausgewählte Spiele dieser Sammlung sinnvoll in den Tagesablauf eingebaut werden.

Stabilisierung der Merkfähigkeit

Spielvorschläge

54 Ansichtskarten-Puzzle

Material: Mehrere puzzleartig zerschnittene Ansichtskarten (jeweils 4 – 5 Teile)

👁	✋
A	ab 7
S	8 – 10

In der Spielgruppe gibt es für je zwei Kinder eine puzzleartig zerschnittene Ansichtskarte. Die Erzieherin hat dafür Ansichtskarten ausgesucht, die sich in ihren Motiven deutlich unterscheiden. Die Puzzleteile aller Spieler werden vermischt und auf der einen Seite des Raumes etwas ausgebreitet. Jedes Spielpaar sucht sich auf der anderen Seite einen Platz in gleicher Entfernung von den Puzzleteilen. Auf „Los!" läuft der erste Partner, holt sich ein Puzzleteil und bringt es zu seinem Platz. Dann holt sich der zweite ein möglichst gut dazu passendes Teil. Paßt ein Teil nicht zur eigenen Karte, wird es wieder zum „Puzzlehaufen" zurückgebracht. Sieger ist das Spielpaar, dessen Karte zerst vollständig ist.

Variation: Für jedes Kind hat die Erzieherin zwei Ansichtskarten in je 5 gleich große Teile zerschnitten. Jeder Spieler bekommt einen Kartenteil in die Hand. Alle übrigen Puzzleteile werden gemischt in die Tischmitte gelegt. Wer hat seine beiden Bilder zuerst zusammengestellt?

55 Puzzles aus beliebigen Motiven

Material: Beliebige Bildvorlagen, Kalenderblätter, Geschenkpapiere, Prospekte, Illustrierte, u. ä.; Tonpapier, Schere

👁	✋
A	ab 5
S	1 – 4

Puzzles aus vorgegebenen Motiven sind Konzentrationsspiele für eine Person und für Kleingruppen. Die Vorlagen werden in beliebige Einzelteile zerschnitten. Beim Alleinspiel mischt jeder Spieler die Einzelteile und setzt sie wieder zu einem Ganzen zusammen. Das Tonpapier dient als Unterlage. Beim Gruppenspiel werden die Puzzleteile aller Spieler in einen Behälter (Schale, Korb o. ä.) gegeben. Ein Kind spielt den Verkäufer und hebt jeweils ein Puzzleteil hoch, so daß es alle Spieler sehen können. Der Mitspieler, dem das betreffende Teil gehört, darf es sich holen und anfangen, sein Puzzle zu legen. Nacheinander werden so alle Puzzleteile verkauft und zusammengepuzzelt.

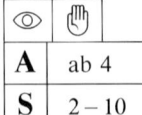	
⚆	✋
A	ab 4
S	1 – 10

56   Flexibles Tier- und Blumen-Puzzle

Material: Tier- und Blumenbilder, dünner Karton, Scheren, Kleb-stoff

Die Kinder bringen Tier- und Blumenbilder mit, kleben sie auf dün-nen Karton und zerschneiden ihr Puzzle zunächst in wenige Teile. Können die Kinder diese Teile wieder richtig zusammensetzen, zer-schneiden sie das Puzzle in weitere Teile, je nach Schwierigkeitsgrad, den sie sich selbst zutrauen.

⚆	✋
A	ab 4
S	2 – 10

57   Formen-Puzzle

Material: Mehrere Formen in verschiedenen Größen und Farben aus Tonpapier herstellen und unterschiedlich halbieren

Beispiele:

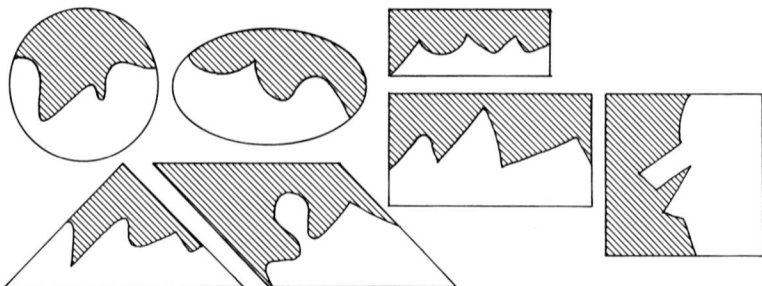

Die zerschnittenen Formen werden in die Mitte des Stuhlkreises ge-legt. Jetzt sind verschiedene Aufgaben zu lösen:
1. Alle Formen werden zusammengesetzt.
2. Einzelne Formen werden sortiert.
3. Wir lassen die Besonderheiten der einzelnen Formen hervorheben.
4. Nach Größe ordnen; nach Farben ordnen.
5. Die Teile am Boden gut vermischen: Jedes Kind nimmt sich ein Formteil und hält es hoch. Dazu muß sich der Partner finden, der die zweite Hälfte der Form besitzt. Diese Form wird dann auf dem Fuß-boden zusammengesetzt.

58 Wer legt das Quadrat?

◉	✋
A	ab 5
S	1 – 3

Material: Pappe oder festes Papier, Schere, Lineal

Wir übertragen die abgebildeten Quadrate auf ein Stück Pappe (z. B. im Format 10 × 10 cm) und zerschneiden diese jeweils auf den vorgezeichneten Linien. Wer kann die zerschnittenen Quadrate wieder zusammensetzen?

Variation: Alle bzw. zwei, drei oder vier verschiedene Quadrate werden von einem Kind zusammengesetzt. Die Erzieherin nimmt die Zeit. Wer kann es am schnellsten?

59 Tangram

A	ab 8
S	ab 1

Material: Karton, Bleistift, Lineal, Schere

Das „Tangram" ist ein jahrhundertealtes chinesisches Formenspiel, das sich vorzüglich für Konzentrationsübungen, aber auch zur Schulung des Formenverständnisses einsetzen läßt. Tangram besteht aus sieben Teilen, die richtig zusammengesetzt, ein Quadrat ergeben. Bei dem Spiel geht es darum, aus den Teilen neue Formen zu legen, für die es Vorlagen gibt. Erwachsenen Tangram-Experten sind übrigens mehr als 1 500 Möglichkeiten bekannt.

In der Praxis hat sich gezeigt, daß Grundschulkinder bereits mit den 7 Tangram-Figuren, die vorher auf Karton übertragen und ausgeschnitten wurden, experimentieren. Die strikte Tangram-Regel, daß alle sieben Formate in jeder zu legenden Form enthalten sein müssen, lassen wir beim Einsatz im Kindergarten und im Hort unberücksichtigt! Wichtig ist vielmehr das ausdauernde Experimentieren mit den verschiedenen Formen und die konzentrierte Beschäftigung mit dem Zusammenspiel der Elemente. Die Erzieherin hat bei diesem Spiel die Möglichkeit, Geduld, Ausdauer, Formverständnis und Phantasie der Kinder zu beobachten. Tangram wird in der Regel als Solospiel durchgeführt.

Hier einige Formen-Beispiele:

Quadrate

   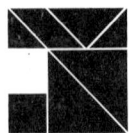

Dreiecke

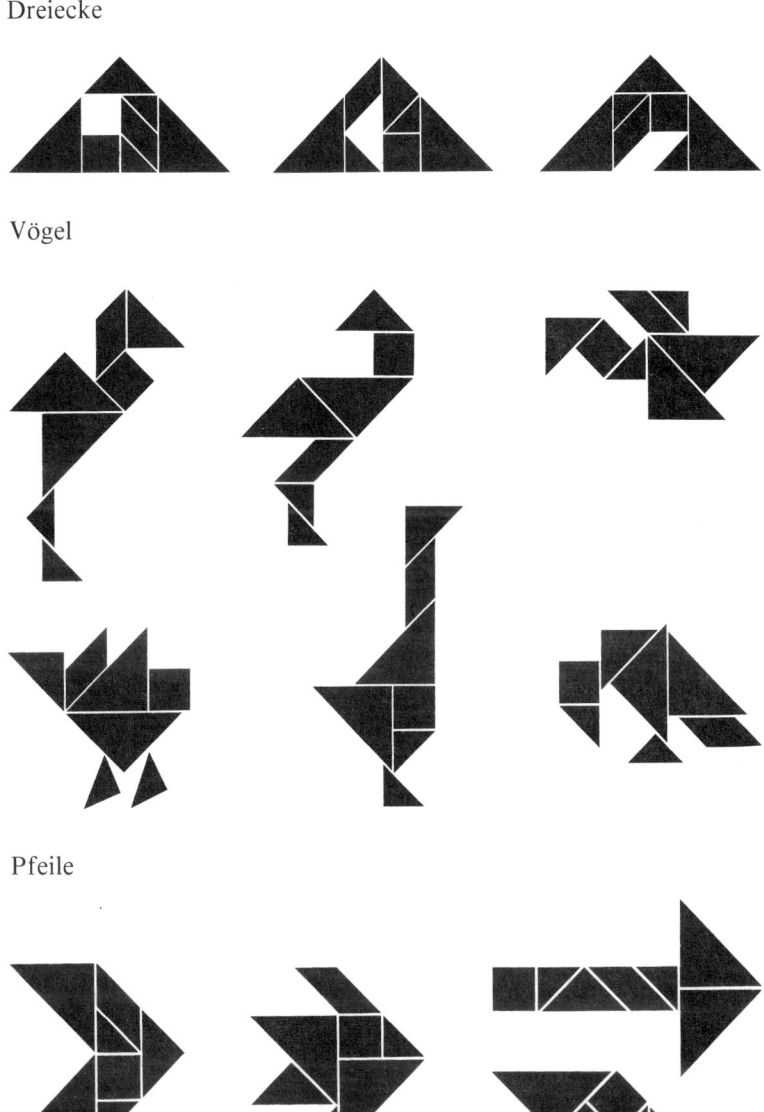

Vögel

Pfeile

Figuren

60 Memories

Material: Tonpapier, Schreibstifte, Bildvorlagen, Schere, Kleber

Memory-Spiele sind Kim-Formen. Es lassen sich aus fast allen vorhandenen Gegenständen, Tieren, Blumen oder menschlichen Attributen Paare erstellen. Wir schneiden Kärtchen aus, bemalen oder bekleben sie mit ausgeschnittenem Bildmaterial, verdecken sie dann und mischen gut. Jedes Kind darf reihum zwei Kärtchen aufdecken. Wer ein Paar zusammenstellt, kommt noch einmal an die Reihe.

Normalerweise gehören bei Memory-Spielen immer zwei gleiche Kärtchen zusammen. Wir können das weiterentwickeln, z. B. durch Spielpaare wie: Lampe / Lichtschalter, Hammer / Nagel, Radio / Schallplattenspieler, Birne / Glühbirne, Pferd / Sattel, Baum / Blätter usw.

61 Geschenkpapier-Memory

Material: Mehrere Bogen Geschenkpapier mit sich wiederholenden Motiven; Tonpapier, das sich von den Motiven abhebt, Scheren, Klebstoff

◎	
A	ab 5
S	2 – 6

Wir stellen aus dem Tonpapier soviele Kärtchen her, wie Einzelmotive verwendet werden, wobei sich die Kartengröße nach dem größten Einzelmotiv richtet. Aus dem Geschenkpapier schneiden wir jeweils die gleiche Anzahl (Doppel-, Drei- oder Mehrfachmotive) aus und kleben sie auf die Tonpapierkärtchen. Jetzt kann mit dem Spiel begonnen werden. Dazu legen wir die Kärtchen mit der Rückseite nach oben zu einem Viereck. Die Mitspieler einigen sich vor Spielbeginn, welches Einzelmotiv sie einsammeln möchten, und wissen, wie oft jedes Motiv vorhanden ist. Das Spiel geht reihum. Jeder Spieler deckt für alle gut sichtbar ein Kärtchen auf. Hat er eins seiner Motive gefunden, darf er das Kärtchen nehmen und einen weiteren Versuch machen. Hat er dagegen ein anderes Motiv aufgedeckt, so dreht er das Kärtchen wieder um. Der nächste Spieler kommt jetzt an die Reihe. Wer zuerst alle Kärtchen seines Motivs eingesammelt hat, ist Sieger.

62 Haus- und Stadt-Memory

A	ab 5
S	2 – 10

Material: Pro Kind 2 Bogen Zeichenpapier (DIN-A-4), zwei bis drei große Bogen Packpapier, Wachsmalstifte, Scheren, Klebstoff

Jeder Spieler erhält einen Bogen Zeichenpapier und eine Schachtel Wachsmalstifte in verschiedenen Farben. Die Aufgabe lautet, ein Haus zu malen, wobei wir den Kindern empfehlen, nicht zu stark ins Detail zu gehen. Hat jeder sein Haus gemalt, wird jedem gesagt, er solle sich dieses genau ansehen. Ist dies geschehen, wird das bemalte Blatt mit einem unbemalten ausgetauscht. Jedes Kind soll jetzt sein Haus aus dem Gedächtnis noch einmal malen. Anschließend sprechen wir gemeinsam über Abweichungen und Übereinstimmungen mit dem Original.

Variation: Die beiden gemalten, annähernd gleichen Häuser können in einem weiteren Spieldurchgang ausgeschnitten und in weitere Einzelteile, z.B. Dach, Wand, Schornstein, Tür, Fenster usw. zerschnitten werden. Entweder „baut" anschließend jeder seine beiden Häuser zusammen oder wir versuchen in Gemeinschaft aus allen Einzelteilen eine Stadt zu gestalten, die auf Packpapierbogen aufgeklebt wird. Nach Belieben malen die Kinder dann Bäume, Straßen, Menschen, Autos u. a. dazu.

63 Wenn-dann-Memory

A	ab 5
S	2 – 8

Material: Pro Spielgruppe ca. 60 vorbereitete Bildkärtchen (ca. 5 × 5 cm)

Die Erzieherin legt auf die Tischmitte 60 Bildkärtchen, die alle auf der Vorder- und Rückseite ein verschiedenes Bild haben. Jedes Kind schaut sie genau an und versucht, sich so viele Bilder wie möglich einzuprägen. Dann werden alle Karten umgedreht. Das erste Kind deutet auf eine Karte und sagt: „Wenn auf der Vorderseite (... z.B. ein Hase) ... ist, dann muß auf der Rückseite ... (z.B. ein Baum) ... sein!" Nun nimmt es die Karte und schaut nach. Hat es sich richtig erinnert, darf es die Karte behalten, wenn nicht, muß es sie wieder in die Mitte legen. Sieger ist, wer zum Schluß die meisten Karten besitzt.

64 Bilderlotto

Material: Fotokarton, Scheren, Lineale, Buntstifte, Buntpapiere, Versandkataloge; Stoffbeutel

A	ab 4
S	2 – 8

Für ein Bilderlotto, mit dem Kinder gerne spielen, benötigen wir 6 – 8 Tafeln aus weißem Karton von etwa 21 cm Länge und 14 cm Breite. Den Karton teilen wir der Länge nach in zwei, der Breite nach in drei Teile. Das ergibt sechs gleich große Felder. Die zum Belegen der Felder erforderlichen kleinen Karten werden ebenfalls aus Karton geschnitten. Die Karten und Felder können mit Buntpapier oder kleinen Abbildungen aus einem Katalog beklebt werden. Wir brauchen jedes Bild doppelt. Einmal für die Tafel und ein zweites Mal zum Belegen.

Jetzt kann gespielt werden. Ein Kind (am Anfang die Erzieherin) ist Spielleiter. Dieser gibt die kleinen Karten in einen Stoffbeutel und zieht ein Kärtchen. Der Spieler, der das betreffende Bild auf seiner großen Karte hat, bedeckt mit dem Kärtchen das gleiche Bild auf der großen Tafel. Gewinner ist, wer zuerst eine Tafel mit den kleinen Karten bedeckt hat.

Themen: Als Motive für Bilderlottos bieten sich nahezu alle Lebensbereiche an, z. B. Blumen, Tiere, Fahrzeuge, Verkehrszeichen, Spielzeug. Wir können auch ein Farbenlotto oder ein Zahlenbilderlotto erstellen. Beim Farbenlotto geht es um das richtige Zuordnen und Benennen von Farben; beim Zahlenbilderlotto wird der Zahlensinn angesprochen.

Beispiele für das Zahlenbilderlotto:

 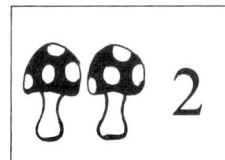 

65 Zahlenbilderdomino

A	ab 4
S	2 – 4

Material: 28 vorbereitete Kärtchen

Statt der weißen Punkte, wie beim bekannten Domino, haben wir es bei dieser Version mit Zahlenbildern zu tun. Wir fertigen z. B. 28 Karten an (5 × 10 cm). Für 1 die Sonne, für 2 zwei Schuhe, für 3 drei Äpfel, für 4 vier Pilze, für 5 fünf Fähnchen, für 6 sechs Blumen.

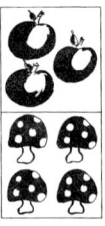

Gespielt wird nach den bekannten Domino-Regeln. Ein ausgelostes Kind legt die erste Karte aus. Hat das nächstsitzende Kind eine Karte, die eines der beiden Zahlenbilder enthält, so legt es sie dazu. Somit ist das nächste Kind an der Reihe. Das Spiel wird solange fortgesetzt, bis ein Kind seine letzte Karte anlegen kann.

A	ab 3
S	2 – 4

Variation: Die einfachere Form dieses Dominos ist das „Bilderdomino". Es enthält Karten mit jeweils einer Abbildung.

66 Wortbilddomonio

A	ab 7
S	2 – 4

Material: 28 vorbereitete Karten

Steigerung des Schwierigkeitsgrades für jüngere Schulkinder.

Für diese Domino-Version fertigen wir Karten an, die jeweils eine Abbildung und eine Bezeichnung eines Gegenstandes in Blockschrift angeben. Das Kind liest dieses Wort, und der Spieler, der die Karte mit dem entsprechenden Bild hat, legt sie an.

67 Katalogspiel

◎	
A	ab 5
S	2 – 6

Material: Eine große Anzahl von Bildern aus Katalogen, Zeitschriften o. ä.

Die Kinder sitzen um den Tisch herum. Wir legen in die Mitte möglichst viele Bilder. Jedes Kind hat die Aufgabe, damit Paare zusammenzustellen, die sachlich zusammengehören, z. B. Reifen und Auto, Ei und Eierbecher, Schrank und Holz usw. Die Zusammengehörigkeit ist zu begründen.

Variation: Die Gegenstände sollen dem gleichen Oberbegriff zugeordnet werden, z. B. Messer, Tasse und Teller = Eßgeschirr.

68 Domino

◎	
A	ab 6
S	2

Material: Dominosteine

An jedes Kind werden vier Dominosteine ausgegeben. Die anderen Steine liegen mit den Augen nach unten an der Seite. Das Kind mit der höchsten Doppelzahl beginnt anzulegen. Ist keine Doppelzahl im Spiel, beginnt das Kind mit der höchsten Augenzahl. Wer nicht anlegen kann, muß so lange ziehen, bis er die passenden Augen gefunden hat. Gewonnen hat bei diesem Spiel, wer zuerst alle Steine angelegt hat.

69 Kreuzdomino

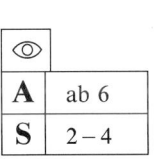

◎	
A	ab 6
S	2 – 4

Material: Dominosteine

Gespielt wird wie beim „Anlegen". Es ist jedoch erlaubt, an vier Seiten anzulegen, so daß auf dem Tisch ein Kreuz entsteht. An jedem der beiden Werte des ersten Steines kann jeweils auf der rechten Seite ein zweites Mal ein gleicher Wert angelegt werden. Dann geht es weiter wie beim „Anlegen".

◎	✋
A	ab 6
S	1 – 6

70   Einlegespiel

Material: Für jeden Spieler Schreibmaschinenpapier, Tonpapier, Scheren

An den Rändern des Schreibmaschinenpapiers schneidet jedes Kind 8 – 10 einzelne, gut unterscheidbare Formen aus. Die Erzieherin achtet darauf, daß die einzelnen Formen deutlich erkennbar sind. Dies ist besonders bei Gruppenspielen wichtig. Ähneln sich die Formen, so wird das Spiel schwieriger, für ältere Mitspieler jedoch auch reizvoller.

Für das *Alleinspiel* mischt jedes Kind seine Formen und versucht sie nacheinander auf der Tonpapierunterlage einzuordnen.

Beim *Gruppenspiel* liegen die Vorlagen aller Spieler auf einem Stück Tonpapier. Die Einzelteile aller Teilnehmer werden gemischt und ebenfalls auf die Tonpapierunterlage gelegt. Es wird reihum gespielt. Jeder Mitspieler nimmt sich eine Form und paßt sie ein. Hat er sich getäuscht, so legt er sie wieder zu den Einzelteilen.

71 Käsekästchen

Material: Großer Papierbogen, Filzstifte, Spielsteine

Auf ein großes Papierblatt zeichnen
wir ein Quadrat mit dreimal drei
Feldern. Der eine Spieler erhält als
Spielsteine z. B. drei Knöpfe, der
andere drei Nüsse. Dann beginnt
das Spiel, bei dem die Kinder abwechselnd in die Kästchen setzen
und dabei versuchen, drei gleiche in
eine Reihe zu bekommen. Sind alle
Knöpfe und Nüsse gesetzt, beginnen die Spieler mit dem Umplazie-
ren. Dies geht so lange, bis einer
gewonnen hat. Das Spiel läßt sich auch gut im Freien spielen. Der
Spielplan wird in den Sand gezeichnet. Setzsteine sind dann z. B.
Stöckchen, Steine, Muscheln oder andere Naturmaterialien.

👁	✋
A	ab 6
S	2

72 Windrad

Material: Abbildung von Windrad-Figur auf DIN-A-4, je Kind
Papier und Stift

👁	
A	ab 8 / 9
S	1 – 10

Die Erzieherin zeigt den Kindern für etwa 10 Sekunden eine Windrad-Figur, die sie sich genau ansehen sollen, um sie
anschließend aus dem Gedächtnis nachzuzeichnen.
Mit welcher Genauigkeit und Ausdauer, mit welchem Tempo gehen die Kinder ans Werk? Wie
sehen die Ergebnisse aus?

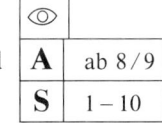

73 Das letzte Hölzchen

Material: Streichhölzer

👁	
A	ab 7
S	2

Die Erzieherin legt 30 Streichhölzer nebeneinander auf den Tisch.
Zwei Kinder sitzen sich gegenüber, und jeder darf mit einem Mal bis
zu 6 Hölzchen wegnehmen. Wer das letzte Hölzchen nimmt, hat gewonnen.

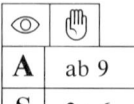

◎	
A	ab 9
S	2

74 Radmühle

Material: Papier, Bleistift, je drei Mühlesteine (oder Knöpfe)

Die Radmühle ist ein altes, im Handel kaum noch zu findendes Konzentrations- und Strategiespiel, dessen einfacher Spielplan sich rasch zu Papier bringen läßt. 2 × 3 Spielfiguren sind schnell zur Hand.

Die Erzieherin macht die Kinder mit den Spielregeln vertraut: Zunächst wechseln die beiden Spieler abwechselnd die Steine. Weiß beginnt. Dann wird gezogen. Eine Mühle kann nur auf einer der vier Achsen geschlossen werden, auf einer Speiche. Da Weiß seinen ersten Stein auf die Radnabe setzen wird, scheint er im Vorteil zu sein. Wenn Schwarz jedoch dessen andere Steine blockieren kann, kommt Weiß in Zugzwang und muß diese Position aufgeben. Das Springen ist verboten.

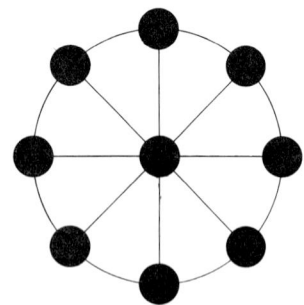

◎	🖐
A	ab 9
S	2 + 6

75 Lebendige Mühle

Material: Klebeband, blaue und rote Stoffherzen zum Anheften

Wir markieren auf dem Fußboden mit Klebeband eine „Kleine Mühle". Im Freien zeichnen wir sie in den Sand. Zwei Kinder suchen sich als „Figuren" je drei Personen aus. Die Spielfiguren des einen bekommen zur Kennzeichnung ein rotes, die des anderen ein blaues Stoffherz angeheftet. Zunächst setzt jeder Spieler eine rote bzw. eine blaue Figur in das Feld. Hat jeder seine drei Figuren gesetzt, schiebt man abwechselnd eine der Figuren auf ein leeres Feld. Wer zuerst seine drei Figuren in eine gerade Reihe gebracht hat, besitzt die „Mühle".

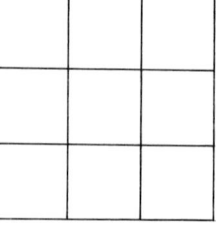

76 Punkte verbinden

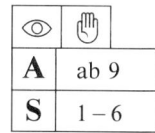

A	ab 9
S	1 – 6

Material: Vorbereitete Zettel, Bleistift und Lineal für jedes Kind

Die Erzieherin gibt den Kindern ein vorbereitetes Blatt, auf dem 9 Punkte vorgegeben sind. Die Kinder sollen versuchen, alle 9 Punkte mit nur vier geraden Strichen miteinander zu verbinden, ohne einmal abzusetzen.

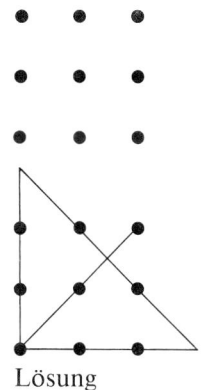

Lösung

77 Baumeister und Gesellen

A	ab 5
S	5 – 10

Hinter einem Tisch steht ein „Baumeister". Die Kinder sitzen um ihn im Halbkreis herum. Sie sind die Gesellen des „Baumeisters" und erhalten eine Nummer.

Die Erzieherin erklärt die Regeln: Kleine Steine werden mit dem kleinen Finger, mittelgroße mit dem Mittelfinger und große mit der Faust dargestellt. Wenn der „Baumeister" ruft: „Alle Gesellen mauern kleine Steine!", müssen die Kinder sofort mit dem kleinen Finger auf der Tischkante hin- und herstreichen. Wenn er mittelgroße oder große Steine mauern läßt, dann muß der Mittelfinger oder die Faust zur Darstellung genommen werden. Der „Baumeister" kann auch anordnen: „Geselle drei mauert große Steine, alle anderen kleine."

Zu Beginn erklärt die Erzieherin die Begriffe „mauern", „Maurer", „Baumeister" und „Geselle".

78 Kofferpacken

ᐟ	
A	ab 5
S	6 – 15

Die Kinder sitzen im Stuhlkreis. Die Erzieherin beginnt: „Ich packe einen Koffer. In meinem Koffer ist ... eine Hose ...". Der Satz wird durch die Kinder erweitert, z. B.: „eine Seife ..." usw. Reihum wiederholt jeder den Satz des Vorgängers und fügt noch einen Satzteil hinzu. Sieger ist, wer den ganzen Satz ohne Fehler nachsagen und noch erweitern kann. Der Mitspieler, bei dem die Reihe stockt, muß ein Pfand abgeben.

Beispiele:
In meinem Zimmer ist ...
In meinem Garten ist ...
In meinem Einkaufskorb ist ...
Auf dem Bauernhof sind ...
Im Zoo sind ...
In der Stadt sehe ich ...
Im Supermarkt gibt es ...
Wenn ich Geld hätte, würde ich ... kaufen.
Auf der Straße fahren ...
Auf dem Tisch sind ...
Auf der Wäscheleine hängen ...

A	ab 7

Variation mit Steigerung des Schwierigkeitsgrades:
Es dürfen nur Wörter genannt werden, die den gleichen Anfangsbuchstaben haben wie das erste Wort:
Im Park sehe ich ... Bäume, Bänke, Blumen, Blaumeisen, Bucheckern.

79 Lutscher aus Lübeck

A	ab 8
S	8 – 20

Alle Kinder sitzen im Kreis. Ein Kind tritt vor einen beliebigen Mitspieler und sagt: „Ich bin ein Händler aus Lübeck und möchte Waren kaufen. Was bieten Sie mir an?" Der so Gefragte antwortet, indem er einen Artikel nennt, der mit dem gleichen Buchstaben wie Lübeck – also L – beginnt; z.B. Lutscher, Lampen, Liege, Luftmatratze, Lebkuchen, Linsen usw. Wurde eine richtige Antwort gegeben, wendet sich das Kind in der Mitte an beliebige andere Mitspieler mit der gleichen Frage. Eine Ware, die schon einmal genannt wurde, darf nicht wiederholt werden. Ein Kind, das keine Antwort weiß, kommt in den Kreis und wird zum Händler. Es kann jetzt, muß aber nicht, seinen Handelsort wechseln; z.B. statt Lübeck, Frankfurt, München, Freiburg oder Weinheim wählen. Die Waren in Weinheim sind z.B. Weingummi, Webstühle, Wassereimer, Wolle, Wale, Wippen, Würstchen oder Wachsdecken.

Variation mit Steigerung des Schwierigkeitsgrades:
Jeder vom Händler angesprochene Spieler muß mindestens 3 Waren nennen.

Dieses Konzentrationsspiel fordert Überlegung und Wortreichtum. Die Erzieherin muß wissen, was sie ihrer Gruppe zumuten kann und darauf achten, daß nicht die ungebräuchlichsten Buchstaben des Alphabets gewählt werden.

80 Häusertippen

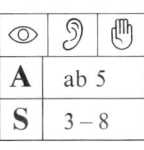

A	ab 5
S	3 – 8

Material: Papierbogen bzw. Tapetenrolle, Wachs- oder Filzmalstifte

Auf ein Stück Tapetenrolle oder einen großen Papierbogen werden mit Wachs- oder Filzmalstiften 6 bis 8 unterschiedlich große und farbige Häuser gezeichnet. Neben einem roten steht ein gelbes, ein grünes, blaues und vielleicht ein braunes Haus. Ein Kind (am Anfang die Erzieherin) ist Spielleiter und sagt: „Aufgepaßt, aufgepaßt und ins kleine (oder große blaue, rote, kleine gelbe) Haus gefaßt!" Alle Kinder müssen sehr aufmerksam sein und schnell mit dem Zeigefinger in das richtige Haus tippen. Wer einen Fehler macht, gibt ein Pfand ab oder scheidet aus.

👁	✍	✋

A	ab 5
S	10 – 15

81 Kennst du Tante Jo?

Die Kinder sitzen im Kreis. Die Erzieherin beginnt mit einer Frage an ihren Nachbarn. „Kennst du Tante Jo?". Die Frage wird selbstverständlich verneint. Deshalb schließt sich die Feststellung an: „Tante Jo macht immer so!" Dabei hebt die Erzieherin die Hand und droht dem Stuhlnachbarn mit dem Zeigefinger. Frage, Feststellung und Bewegung wandern jetzt von Kind zu Kind. Weitere Eigenarten ihrer Tante sind z.B. Kopfnicken, Backenaufblasen, Augenzwinkern, Schulterzucken usw.
Die Kinder sollten eigene Spielvorschläge einbringen können.

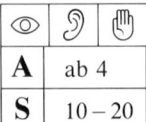

A	ab 4
S	10 – 20

82 Alle Möwen fliegen hoch

Bei diesem bekannten Konzentrations- und Reaktionsspiel kann auch ein Kind als Spielleiter fungieren.
Die Kinder sitzen am Tisch und trommeln mit ihren Zeigefingern auf die Tischplatte. Dann ruft der Spielleiter: „Alle Möwen fliegen hoch!" und die Kinder werfen ihre Arme in die Luft. Dann wird weiter getrommelt. Der Spielleiter ruft: „Alle Bienen (Enten, Hubschrauber ...) fliegen hoch!" Jedesmal werfen die Kinder ihre Arme in die Luft.
Schwieriger wird es, wenn der Spielleiter ruft: „Alle Hunde fliegen hoch (oder Katzen, Pferde, Autos, Kühlschränke usw.)!" Denn immer, wenn etwas genannt wird, was nicht fliegen kann, muß weitergetrommelt werden. Die Kinder dürfen ihre Arme hier nicht in die Luft werfen. Wer dennoch Autos und Pferde fliegen läßt, gibt ein Pfand ab oder scheidet aus.

👁	

A	ab 6
S	10 – 12

83 Fix und Foxi

Die Kinder setzen sich in Paaren (maximal 6 Paare) zusammen. Ein Kind ist jeweils der „Fix", das andere der „Foxi". Ein Mitspieler erhält die Aufgabe, sich die Paare genau zu merken. Dann wird er vor die Tür oder eine Stellwand geschickt, während in der Zwischenzeit alle Kinder ihre Plätze tauschen. Das wartende Kind wird jetzt hereingeholt. Gelingt es ihm, die richtigen Paare wieder zusammenzusetzen? Die Aufgabe ist gelöst, wenn die Hälfte der Paare richtig erinnert wird.

84 Topf und Deckel

Material: 2 beliebige kleine Gegenstände (z. B. Kugelschreiber und Radiergummi).

A	ab 8
S	10 – 20

Für dieses Spiel, das besondere Aufmerksamkeit verlangt, sitzen die Erzieherin und möglichst nicht zu viele Kinder im Kreis. Die Erzieherin gibt ihrem linken und rechten Nachbarn je einen kleineren Gegenstand (z. B. Kugelschreiber und Radiergummi) und sagt nach links gewandt: „Das ist ein Topf" und nach rechts gewandt „Das ist ein Deckel". Die Empfänger der Gegenstände müssen zurückfragen „Was ist das?". Die Erzieherin: „Ein Topf" – „Ein Deckel". Danach werden die Gegenstände mit denselben Worten an alle folgenden Mitspieler weitergegeben. Die Antwort auf die Frage „Was ist das?" darf jedoch nicht unmittelbar gegeben, sondern die Frage muß immer bis zur Erzieherin wieder zurückgegeben werden, deren Antwort „Ein Topf" bzw. „Ein Deckel" dann an die Fragenden weitergegeben wird. Es geht darum, daß die Gegenstände immer um den Sitzkreis gegeben werden, wobei sie sich kreuzen. Besonders an der Kreuzungsstelle dürfen sich die Spieler unter keinen Umständen aus der Fassung bringen lassen.

Das Spiel, bei dem die Leitung in einer Hand bleibt, läßt sich im Raum, auch an Tischen und im Freien durchführen. Es sollte nicht zu lange ausgedehnt werden. Bei jüngeren Teilnehmern empfiehlt sich, die Teilnehmerzahl auf 10 zu begrenzen. Eine große Gruppe läßt sich aufteilen.

85 Verbotenes Einmaleins

A	ab 8
S	10 – 20

Bevor wir mit dem Spiel beginnen, muß ein bestimmtes Einmaleins ausgewählt werden, das „verbotene Einmaleins" z. B. Sechser Einmaleins.

Nun werden die natürlichen Zahlen laut nacheinander von den Kindern (oder auch von einem einzelnen Kind) aufgesagt. Die 6 und alle anderen Zahlen, die mit der Zahl 6 in Zusammenhang stehen (6, 12, 16, 24, 26 usw.) dürfen nicht ausgesprochen werden. Ersatzweise sagt man dafür „klick" oder einigt sich auf ein anderes Phantasiewort.

⟨ear icon⟩	
A	ab 8
S	8 – 16

86   Ententeich

Hier geht es um ein heiteres Konzentrationsspiel, bei dem nicht selten die Spieler die Zahl der Enten mit der Zahl der Beine durcheinander bringen.

Die Kinder sitzen im Kreis. Der 1. Spieler sagt: „Eine Ente", der zweite: „zwei Beine", der dritte „plumps". Im Kreis geht es dann weiter herum: zwei Enten – vier Beine – plumps – plumps – drei Enten – sechs Beine – plumps – plumps – plumps . . . Wer einen Fehler macht, beginnt wieder mit „Eine Ente" . . .

„Ententeich" läßt sich auch als Wettspiel durchführen. Nach einer vorher vereinbarten Zeit wird festgestellt, bei welcher Entenzahl die Gruppe angekommen ist.

⟨ear icon⟩	
A	ab 8
S	8 – 12

87   Der Floh mit einem Punkt

Material: Creme oder Schminkestift

Jeder Mitspieler gibt sich einen Spitznamen und prägt ihn sich gut ein. Ebenso muß er sich die Spitznamen aller Mitspieler merken. Das erste Kind sagt: „Ich bin der Mecki und habe keinen Punkt, Floh, wo bist du?" Darauf muß Floh antworten: „Ich bin der Floh und habe keinen Punkt, Mäuschen, wo bist du?" So geht es möglichst schnell hin und her. Sobald ein Kind, z. B. der Floh, einen falschen Spitznamen ausspricht, bekommt es mit Creme (oder Schminkestift) einen Punkt ins Gesicht getupft und muß nun sagen: „Ich bin der Floh mit einem Punkt, Eule, wo bist du?" Wer sich zum zweiten Mal verspricht, bekommt einen zweiten Punkt. Dann heißt es: „Ich bin der Floh mit zwei Punkten."

Drei Konzentrations- und Beobachtungsspiele für unterwegs:

88 Adlerauge

Material: Vorbereitete Kärtchen

⊚	
A	ab 5
S	2 – 10

1. Jedes Kind erhält 3 – 5 Kärtchen, auf denen Gegenstände abgebildet sind und die draußen auf einem Spaziergang erspäht werden sollen. Wer etwas gesehen hat, gibt die entsprechende Karte der Erzieherin.
2. Draußen im Sitzkreis: Alle Karten werden in die Mitte geworfen. Wer einen abgebildeten Gegenstand gesehen hat, nimmt die Karte an sich.

89 Autozählen

Es gilt, bestimmte Autotypen, Automarken oder Farben, die vor Spielbeginn festgelegt werden, zu entdecken.

⊚	
A	ab 5
S	2 – 10

Variationen:
1. Eine Gruppe sucht rote, eine andere weiße Autos.
2. Für ältere: Autokennzeichen identifizieren.
3. Ebenfalls für ältere: Mit den Buchstaben der Kennzeichen Wörter bilden.

90 Im Zug, Bus oder Auto

1. Wer sieht eine Kirche? Wer sie zuerst entdeckt, bildet die nächste Frage.
2. Drei Dinge (z.B. bestimmte Gebäude, Verkehrszeichen, Tiere, Bäume oder Menschen) werden festgesetzt. Wer eines dieser drei sieht, nennt drei neue.

⊚	
A	ab 5
S	2 – 10

3. Kartenspiele

aufpassen und registrieren

Kartenspiele, Quartette und das Spiel mit Karten wirken stark auf die Konzentrationsfähigkeit. Die Kinder müssen wie ein Luchs aufpassen und exakt registrieren, welche Karte schon ausgespielt wurde.

Es gibt viele Quartette, die gleichzeitig Wissen vermitteln wie Erdkundequartette, Vokabel- und Rechenquartette, „Schwarzer Peter" oder „Schnipp-Schnapp".

Spielkarten mit verschiedenen Motiven lassen sich leicht selbst herstellen. Aufgemalte Figuren, Symbole oder Zahlen werden hektographiert. Die Blätter geben wir an die Kinder aus. Diese kleben sie auf Karton, malen sie gegebenenfalls an und schneiden die Karten aus.

Um die Haltbarkeit der Karten zu erhöhen, können sie mit durchsichtiger Folie überzogen werden. Wenn die Herstellung zu zeitraubend ist, kann man auf die Angebote des Lehr- und Spielmittelhandels zurückgreifen.

Spielvorschläge

91 Familienquartett

⊚	
A	ab 8
S	4 – 6

Material: Weißer Fotokarton, Schere, Farbstifte

Das System des Quartettspiels ist vom Kind schnell zu begreifen. Am Beispiel eines „Familienquartetts" soll es erläutert werden.

Die Karten fertigen wir aus weißem Fotokarton an. Auf je vier Karten schreiben wir den Namen eines Mitspielers. Dann werden vier Begriffe darauf notiert, die diesen Mitspieler charakterisieren: eine Eigenschaft, eine Schwäche oder Liebhaberei, einen Angehörigen oder Besitz. Auf jeder Karte wird einer dieser Begriffe rot unterstrichen. Pro Spieler fertigen wir ein Quartett an.

Anna	Anna	Anna	Anna
Thiesen	Thiesen	Thiesen	Thiesen
liebevoll	liebevoll	liebevoll	liebevoll
backen	**backen**	backen	backen
Mutter	Mutter	**Mutter**	Mutter
Brille	Brille	Brille	**Brille**

Die Karten werden gemischt und verteilt. Dann versuchen die Spieler Quartette, also vier zusammengehörige Karten, zu sammeln. Der linke Nachbar des Kartengebers beginnt. Er fragt seinen linken Nachbarn nach einer Karte, die ihm noch in seinem Quartett fehlt. Beispiel: „Hast du die Brille von Anna Thiesen?" – „Nein! Aber kannst du mir vielleicht den Blondschopf von Florian Thiesen geben?" Es darf immer dreimal gefragt werden. Wenn man dann keine passende Karte erhalten hat, darf der befragte Spieler eine ihm nicht genehme Karte abgeben. Wer jedoch eine Karte richtig erraten hat, darf erneut fragen und zwar solange, bis er keinen Erfolg mehr hat. Gewinner ist, wer zuerst alle Karten auslegen kann. Um den Verlierer zu ermitteln, wird weitergespielt.

Variationen auf der folgenden Seite

A	ab 5
S	3 – 8

Variationen:
Für das Quartettspiel am Tisch bilden wir Gruppen von 4 – 6 Kindern. Benötigt werden soviele Quartette wie Kinder da sind, z. B. je 4 Karten mit Gegenständen zur „Körperpflege" (Kamm, Haarbürste, Seife, Waschlappen). Alle Karten werden gemischt und von einem Kind gleichmäßig verteilt; für jeden 4 Karten. Das Spiel geht weiter wie vorher beschrieben.
Weitere Quartett-Themen: Tiere, Blumen, Musikinstrumente, Fahrzeuge, Speisen, Bauten, Sport.

92 Kartenversteck

A	ab 5
S	4 – 8

Material: Beliebiges Kartenspiel (Paare, Terzette oder Quartette)

Alle Spielkarten werden von der Erzieherin versteckt, bevor die Kinder den Raum betreten. Die Erzieherin sagt den Kindern, welches Spiel sie versteckt hat. Alle suchen nun. Wer ein Paar findet, legt es an seinen Platz. Gefundene Einzelkarten können ausgetauscht werden, z. B. „Gib mir ein Auto". Ich gebe dir dafür ein „Flugzeug". Wer besitzt zum Schluß die meisten Paare (Quartette bzw. Terzette)?

93 Schwarzer Peter

A	ab 5
S	4 – 6

Material: Je Spielgruppe etwa 10 – 20 beliebige Kartenpaare sowie eine Einzelkarte, den „Schwarzen Peter"

Bei diesem altbekannten Quartettspiel werden alle Karten gleichmäßig verteilt und verdeckt in die Hand genommen. Reihum zieht man vom rechten Nachbarn eine Karte, sieht nach, ob man ein Paar hat, und legt dieses dann offen auf den Tisch. Jetzt läßt man den linken Nachbarn eine Karte ziehen. Verloren hat, wer zum Schluß die Einzelkarte, den „Schwarzen Peter" besitzt.

94 Schnipp-Schnapp

Material: Je Spielgruppe 10 − 20 Kartenpaare nach Wahl

A   ab 4
S   4 − 6

Es kommt bei diesem Spiel darauf an, möglichst viele Karten zu ergattern. Gespielt wird mit einem Quartettspiel nach Wahl oder mit
Spielkarten.
Jedes Kind erhält, je nach dem verwendeten Blatt, 10 − 15 Karten.
Sämtliche Karten müssen ausgegeben werden. Jeder legt seinen Kar-
tenstapel verdeckt vor sich auf den Tisch. Ein Mitspieler oder die
Erzieherin ruft: „Schnipp!" auf dieses Kommando dreht jeder seine
oberste Karte um und legt sie offen neben den Kartenstoß. Zugleich
sehen sich alle Spieler im Kreis um und stellen fest, ob einer der Mitspieler ein zu ihrer eigenen Karte passendes Blatt aufgedeckt hat.
Beim Quartettspiel müßte es sich also um eine der drei anderen Karten handeln, die zur Karte des Spielers gehören. Beim Normalblatt,
das wir bei älteren Kindern einsetzen können, wird auf eine ranggleiche
che Karte in beliebiger Farbe geachtet. Hat man also einen „König"
aufgedeckt, sieht man sich nach einem zweiten um. Wer die Überein-
stimmung zuerst entdeckt, ruft „Schnapp!" und kassiert die Gegen-
karte ein. Falls unter dieser passenden Karte noch weitere Karten
liegen, die beim vorherigen Schnipp-Rufen keine Interessenten gefunden haben, dürfen auch diese vereinnahmt werden.
Wer unberechtigterweise schnappt, muß die nächste Karte seines ver-
deckten Stapels in die Mitte legen. Sie darf beim nächsten „Schnipp"
geschnappt werden. Ist ein Spieler alle Karten losgeworden, wird aufgehört und festgestellt, wer die meisten Karten ergattern konnte und
somit Sieger geworden ist.

Variation: Anstelle der ranggleichen Karte beim Normalblatt können
auch Karten gleicher Farbe gewählt werden.

4. Mal-, Zeichen- und Schreibspiele

Kinder kommen aus eigenem Antrieb zum Malen und Zeichnen. Die Erzieherin sollte dieses spontane Interesse des Kindes nutzen, um seine Konzentration durch ein abwechslungsreiches Spielangebot in diesem Bereich zu fördern.

Mal- und Zeichenspiele, vom Hortalter an auch Schreibspiele, sind besonders geeignet für konzentrierte Einzel- und Paarbeschäftigungen. Sie bieten auch die Möglichkeit, eine größere Gruppe zu gleicher Zeit in ruhiger Atmosphäre zu beschäftigen. Die Spiele beanspruchen keine große Vorbereitung und sind deshalb schnell greifbar.

konzentrierte Einzel- und Paarbeschäftigung

Malen und Zeichnen stärkt die Äußerungs- und Zuwendungsfähigkeit des Kindes, fördert seine Phantasie und erstreckt sich auch auf das Erkennen, Interpretieren und Beurteilen von Zusammenhängen. Das eigenständige, freudige Gestalten des Kindes, seine Äußerungs- und Ausdrucksfähigkeit sollten bei dieser Spielform unsere besondere Beachtung finden.

Hilfestellung geben wir dem einzelnen Kind nur insoweit, als sie ihm weiterhilft, seine Ideen zu verwirklichen und mit gewisser Ausdauer zu Ende zu führen.

Ideen und Ausdauer

Bei der Durchführung von Mal-, Zeichen- und Schreibspielen achten wir darauf, daß die Kinder eigenständig vorgehen und genügend Platz zur Verfügung haben.

Spielvorschläge

95 Malen nach Musik

⊙	🎵	🖐
A	ab 5	
S	4 – 12	

Material: Tapetenkleister, Erdfarben (rot, gelb, grün), Tapetenreste, Tesafilm, Wachsdecken, Kassettenrecorder oder Plattenspieler und rhythmusbetonte Musik

Neue Erlebnisse vermittelt dieses Konzentrationsspiel mit Musik, Erdfarben und Tapetenkleister. Die Kinder haben Gelegenheit, Musik wahrzunehmen und durch ihre Hände wiederzugeben. Die Mitspieler stehen um vier zu einem Quadrat zusammengestellte Tische herum. Zuvor hat die Erzieherin Schürzen ausgegeben, die Tische abgedeckt, große Tapetenbögen darauf festgeklebt und einen Schallplattenspieler (oder Kassettenrecorder) aufgestellt. Die Kinder dürfen in den vorbereiteten Tapetenkleister fassen. Wie fühlt er sich an?
Der Plattenspieler wird eingeschaltet. Die Kinder hören der Musik zu. Nach einer gewissen Einhörzeit wird das Gehörte durch Bewegungen auf den trockenen Blättern nachvollzogen. Dann wählen die Kinder eine ihrer Lieblingsfarben. Die Farb- und Kleisterverteilung wird von der Erzieherin vorgenommen. Die Musik wird wieder angestellt, und die Kinder beginnen zu malen („Ihr könnt die Finger oder die beiden Hände benutzen").

Variationen:
1. Geräusche aufmalen, die von einer Kassette abgespielt werden: Sturm, brausende Wellen, Regen.
2. Die Kinder malen bei hohen Tönen mit hellen, bei tiefen Tönen mit dunklen Farben.

96 Körperumrisse

⊙	🖐
A	ab 4
S	2 – 20

Material: Je Kind einen großen Papierbogen (Zeitungs- oder Tapetenrolle), Wachsmalkreiden, Wasserfarbe, Pinsel

Wir bilden Spielpaare. Jeweils ein Kind legt sich auf einen großen Papierbogen, das andere zeichnet die Körperumrisse mit Wachskreide. Die Fläche wird vom abgezeichneten Kind mit Wasserfarben ausgemalt. Zum Schluß werden die fertigen Bilder gemeinsam betrachtet.

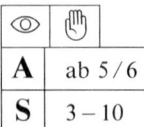	
A	ab 6
S	ab 2

97 Spiegelmalerei

Material: Tafel oder großer Papierbogen, Kreide bzw. Faserstifte, Handspiegel

Ein Spieler steht mit dem Rücken zur Tafel, hat einen Spiegel in der Hand und malt rückwärts mit Hilfe des Spiegels einen vorher festgelegten Gegenstand (z. B. Haus, Auto, Baum) an die Tafel.

98 Mein Spiegelbild

A	ab 5 / 6
S	3 – 10

Material: Je Kind ein Spiegel, Zeichenpapier (DIN-A-2), Wachsmalkreiden (möglichst alle Farben)

Die Kinder befassen sich bei diesem Spiel ausschließlich mit sich selbst. Sie betrachten ihr Gesicht, ihre Körperproportionen und ihre Kleidung. Der Schwerpunkt des Spiels liegt im genauen Betrachten und Wiedergeben des Gesichts.
Alle Kinder sitzen an einem langen Tisch, auf dem für jedes Kind ein Spiegel steht und ein Papierbogen bereitliegt. Die Erzieherin macht die Kinder auf ihre unterschiedliche Haarfarbe aufmerksam, auf die Augen, die Nase und den Mund. Anschließend erhält jedes Kind genügend Wachsstifte. Alle malen sich nun unter Zuhilfenahme des Spiegels. Am Schluß schauen sich die Kinder die Bilder gemeinsam an, um so die typischen Merkmale eines jeden herauszufinden.

99 Blindmalerei

A	ab 6
S	2 – 8

Material: Je Kind ein großer Bogen Papier, Filzstifte, Tücher

Ein ausgewähltes Kind bekommt ein Tuch vor die Augen gebunden. Vor ihm liegen ein Bogen Papier und ein Filzstift. Der erste Mitspieler darf nun bestimmen, was der „blinde Maler" zeichnen soll; z. B. ein Segelboot. Der blinde Maler versucht nun so gut wie möglich, die Umrisse eines Segelbootes auf das Papier zu bringen. Das nächste Kind wünscht sich ein Ruder, ein zweites einen Anker, ein drittes ein Segel usw. Wird dem Maler dann das Tuch abgenommen, gibt es viel zu lachen.

100 Bilderinnerung

Material: Mehrere gezeichnete Bildvorlagen, Papier und Malstifte

Die Erzieherin hat auf 3 – 5 Papierbogen einfache Skizzen gezeichnet. Nachdem sich je ein Kind eine Skizze angesehen hat, versucht es, die wahrgenommene Abbildung auf einem Stück Papier möglichst getreu nachzugestalten.
Es kann sich bei den Vorlagen ruhig um schwierige, jedoch nicht zu abstrakte Zeichnungen handeln.

👁	✋
A	ab 7
S	2 – 10

101 Lieder-Bild

Material: Je Kind Papier und Farbstifte

Jedes Kind erhält die Aufgabe, den Inhalt eines bekannten Liedes zu zeichnen. Dann wird das fertige Bild den anderen Kindern gezeigt. Wer das Lied errät, zeigt als nächster sein Bild.

👁	✋
A	ab 6 / 7
S	2 – 12

102 Kuhzeichner

Material: Tapetenrolle oder große Zeichenbogen, Filzstifte, Tücher zum Augenverbinden

Wir breiten auf dem Fußboden eine Tapetenrolle aus. Jedes Kind bekommt einen Filzstift. Dann werden allen Spielern die Augen verbunden, und jeder versucht, eine Kuh zu zeichnen. Sind alle mit ihrem Werk fertig, werden die Augenbinden abgenommen und die Kinder prämieren gemeinsam die schönste (natürlichste oder außergewöhnlichste) Kuh.

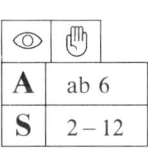

✋	
A	ab 6
S	2 – 12

103 Acht-Punkte-Bild

Material: Je Kind 1 Bogen Papier und 1 Bleistift

Die Kinder erhalten Papier und Bleistift und zeichnen jeweils 8 Punkte auf ihr Blatt. Der Abstand der Punkte zueinander spielt dabei keine Rolle. Nun tauschen sie die Blätter untereinander aus und versuchen die einzelnen Punkte durch Linien so miteinander zu verbinden, daß eine Figur oder ein Gegenstand zu erkennen ist. Die Bilder werden betrachtet und kurz besprochen.

👁	✋
A	ab 6
S	2 – 12

👁	✍	✋

104 Gehör-Zeichnung

A	ab 6
S	2 – 12

Material: Je Kind kariertes Papier, Bleistift und 1 Blatt Papier zum Abdecken

Bei diesem Spiel sollen die Kinder nach Anweisung zeichnen. Jeder markiert an einer festgelegten Stelle den Ausgangspunkt der Zeichnung. Die Erzieherin gibt Anweisungen, was auf dem karierten Papier zu zeichnen ist, z. B. „Zeichne vom Ausgangspunkt einen Strich zwei Kästchen nach unten, dann zwei Kästchen nach links, dann wieder zwei Kästchen nach unten" usw. Dabei hält jedes Kind ein Abdeckblatt vor, um zu verhindern, daß der Nachbar etwas sehen kann. Am Ende wird verglichen, ob alle die Zeichnung richtig ausgeführt haben.

105 Schweineschwanz

A	ab 4 / 5
S	6 – 12

Material: Großer Papierbogen oder Tapetenrolle, Filzstifte, Tuch zum Augenverbinden

Auf einem großen Papierbogen (Tapete / Zeitungsrolle) hat die Erzieherin ein schwanzloses Schwein gezeichnet und das Bild an der Wand befestigt. Ein Kind nach dem anderen versucht jetzt mit dem Filzstift aus angemessener Distanz mit geschlossenen (oder verbundenen) Augen vor den Bogen zu treten und den Ringelschwanz an der passenden Stelle zu kennzeichnen.

👁	✋

106 Zeitungslinien

A	ab 6
S	6 – 12

Material: Je Kind 1 Bleistift und ein gleichlanger Zeitungsartikel

Die Kinder sitzen am Tisch. Sie erhalten einen Zeitungsartikel und einen Bleistift. Auf „Los" beginnen die Kinder, jede Zeile des Artikels exakt und deutlich zu unterstreichen. Wer das Ende des Artikels zuerst erreicht und jede Zeile deutlich unterstrichen hat, ist Sieger.

107 Zahlenwettstreit

◎	
A	ab 5
S	2

Material: Papier und Schreibstifte für jeden Spieler

Ein Konzentrationsspiel für 2 Kinder. Beide schreiben auf ihr Papier die Zahlen von 1 bis 10. Dann beginnen sie, darunter weitere Zahlen zu schreiben. Kind A schreibt zunächst eine der Zahlen von 1 bis 10 nieder. Beim Schreiben verdeckt es das Papier mit der Hand. Kind B beobachtet genau und versucht, nach den Bewegungen des Bleistifts zu erraten, welche Zahl Kind A aufgeschrieben hat. Falls es sich irrt, zieht Kind A in der ersten Reihe einen Kreis um die von ihm geschriebene Zahl. Jetzt schreibt B eine Zahl und Kind A rät. Wer eine der Zahlen in der ersten Reihe eingekreist hat, dem gehört sie. Im weiteren Spielverlauf darf der Spielpartner diese Zahl nicht mehr aufschreiben. Der Beobachtungswettstreit wird so lange fortgeführt, bis die Spieler 9 der 10 Zahlen aufgebraucht haben. Sieger ist natürlich, wer die meisten hat.

108 Lustige Sätze erfinden

◎	✍	✋
A	ab 8	
S	6 – 10	

Material: Je Kind 1 Blatt Papier und Schreibstift

Jeder Spieler schreibt mehrere Wörter auf ein Stück Papier. Die einzelnen Blätter werden eingesammelt und laut verlesen. Der Reihe nach soll nun jeder einen Satz aus den verschiedenen Wörtern bilden. Wer den lustigsten Satz erfindet, erhält eine kleine Belohnung.

109 Zeitungs-ABC

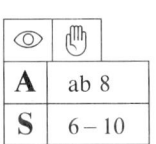

◎	✋
A	ab 8
S	6 – 10

Material: Zeitungen, Scheren, ggf. Papierbogen und Klebestoff

Jedes Kind erhält eine Zeitung. Es gilt, in einer bestimmten Zeit, das Alphabet in Form von Wörtern aus der Zeitung zu schneiden, und zwar die Anfangsbuchstaben der Wörter in der Reihenfolge des Alphabets. Die ausgeschnittenen ABC's können auf einen Papierbogen geklebt werden. Wer bewältigt die Aufgabe richtig (und am schnellsten)?

110   ABC-Geschichte

◎	◑	✋
A	ab 9/10	
S	2 – 10	

Material: Je Kind 1 Blatt Papier und 1 Schreibstift

Wer kann eine Geschichte aufschreiben, in der der Reihe nach Hauptwörter aus dem ABC benutzt werden?

Ein Beispiel:
*A*nna fährt mit *B*etty nach *C*oburg. *D*oris kommt in großer *E*ile zum *F*ernschnellzug, um sie abzuholen. Sie hat *G*iselas *H*ut aufgesetzt, obwohl das *I*nnenfutter darin lose war. Den mitgenommenen *J*oghurt und das *K*äsebrot ißt sie unterwegs voller *L*ust auf, wobei sie ihren *M*antel beschmutzt. Zwischen *N*ürnberg und *O*ldenburg erlebt sie eine große *P*anne. Sie weiß sich keinen *R*at. Die *S*traße ist menschenleer. Doch plötzlich hört sie ein *T*uten. Beim *U*msehen entdeckt sie ein *V*erkehrspolizeiauto. Nach dem *W*ohin befragt, antwortet sie: zum Zug.
Auf X und Y verzichten wir bei diesem Spiel. Nach Fertigstellung der Geschichte, liest jeder Mitspieler sein Ergebnis vor.

Variation: Ein Spieler schreibt eine kleine Geschichte und läßt vor jedem Hauptwort eine Lücke. Jeder Mitspieler nennt ein beliebiges Eigenschaftswort, das in die Geschichte eingesetzt wird.

111   Gleicher Anfangsbuchstabe

◎	◑
A	ab 9
S	2 – 10

Material: Je Kind Papier und Schreibzeug

Jeder Spieler hat die Aufgabe, 3 (5) Sätze mit mindestens fünf Worten und gleichen Anfangsbuchstaben aufzuschreiben. Die Anfangsbuchstaben werden von der Erzieherin vorgegeben.

Beispiele:
Alle alten Angler angeln Aale.
Blitzschnelle Busse brausen bis Berlin.
Meine Mutter möchte morgens Marmelade.
Hinterm Haus hackt Hänschen Holz.
Gerhard goß gestern gelben Goldregen.

Die Resultate werden von den Kindern vorgetragen.

112 Telegramm

Material: Für jeden Mitspieler Schreibzeug und Papier

Ein Spiel für Schulkinder. Hier wird z. B. das Wort „Blumentopf" senkrecht vorgegeben. Aus den untereinander aufgeschriebenen Buchstaben soll ein Telegramm entwickelt werden. Die Erzieherin gibt eine Zeit vor. Alle Telegramme werden verlesen.

Das Spiel eignet sich z. B. als Auflockerung bei der Schulaufgabenhilfe im Hort.

Bitte
Laßt
Uns
Morgen
Einen
Neuen
Topf
Oder
Pfanne
Finden.

⊙	♪	
A		ab 9
S		ab 2

113 Wörter-Domino

Material: Je Spielpaar 1 Papierbogen und 2 Schreibstifte

Je zwei Kinder erhalten einen Bogen Papier und Schreibstifte. Der Reihe nach schreibt jeder ein Wort auf, bis keiner mehr weiter weiß oder die Lust am Spiel nachläßt.

⊙	
A	ab 8
S	ab 2

Beispiel:

HAUS
A   Ä
N   G
S ESEL
     A
     U
     S

◉	
A	ab 9
S	2 – 10

114 Immer sechs

Material: Papier und Bleistift für jeden Spieler

Jedes Kind malt ein Zahlenquadrat mit 9 Kästchen auf. Die Kinder sollen versuchen, die Zahlen 1, 2 und 3 dreimal so untereinander zu schreiben, daß das Zahlenquadrat entsteht. In dieses Quadrat sollen sie die Zahlen so einsetzen, daß sie in jeder Reihe (waagerecht, senkrecht und diagonal) die Summe 6 ergeben. Wer schafft es? Die Erzieherin kann unter Umständen eine oder zwei Zahlen vorgeben.

Lösung:

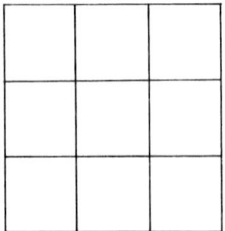

1	3	2
3	2	1
2	1	3

5. Rätsel und Ratespiele

Rätsel und Ratespiele fordern vom Kind erhöhte Aufmerksamkeit beim Zu- und Hinhören. Sie sind lustbetont, sprechen das unmittelbare Interesse des Kindes an, schärfen das Denkvermögen, das Gedächtnis und die Beobachtungsgabe. Rätsel und Ratespiele eignen sich bestens als Gemeinschaftserlebnisse. Die Kontaktfreudigkeit der Kinder untereinander wird gefördert. Besonders für das Kind im Vorschulalter ist das Ineinandergreifen von rationaler und emotionaler Aneignung für seine Persönlichkeitsentwicklung von besonderer Bedeutung. Beim Raten reproduzieren die Kinder ihre Vorstellungen, vergleichen und kombinieren. Indem sich eine konzentrierte Aktivität und Beweglichkeit des Denkens entwickelt, bildet sich eine Problem- und Beobachtungshaltung heraus. Die Vorstellungen der Kinder werden mit neuen Bildern bereichert, es entfalten sich Phantasie und der Wille, die Lösung zu finden, ehe sie vielleicht ein anderes Kind gefunden hat.

Für Kinder müssen beim Rätselraten gewisse Erfolgserlebnisse gesichert sein. Sie müssen jedoch auch spüren, daß sich nicht alles ohne weiteres lösen läßt und manches sorgfältiger Überlegungen bedarf. Auch sollten sie ruhig einmal erfahren, daß man „ratlos" sein kann. Nur so erleben und begreifen Kinder den Sinn des Rätselbegriffs.

Die Praxis zeigt, daß wir Kindern gelegentlich ein Rätsel stellen können, das nicht einfach zu lösen ist. Nach einigen Versuchen wird ihnen die Lösung verraten.

Beim „Rätseln" sollte nicht die Zahl der gelösten oder ungelösten Rateaufgaben entscheidend sein, sondern der Vergnügungs- und Unterhaltungswert und die geistige Anstrengung, mit der die Kinder an die Lösung herangehen.

Die Erzieherin sollte bedenken, daß Rätsel vom Kind nur gelöst werden können, wenn ihm entsprechende Sachverhalte bekannt sind. Den Jüngeren, die sich erst an das Rätselraten gewöhnen müssen, stellen wir zuerst einfache Rätselfragen und Reimrätsel. Um die Konzentrations- und Denkfähigkeit der Kinder immer wieder neu anzuregen, sollten wir viele Rätsel parat halten und sie entsprechend in unsere Tagesplanung und Spielsequenzen einbauen. Soll eine Spieleinheit vorwiegend aus Rätseln und Rateaufgaben bestehen, emp-

aufmerksames Zuhören – Denkvermögen schärfen

vergleichen und kombinieren

Erfolgserlebnisse sichern

Kinder mit Sachverhalten bekannt machen

fiehlt sich zur Erhaltung gespannter Aufmerksamkeit ein Wechsel zwischen heiteren, komischen, ernsten und besinnlichen Rätselarten und Spielformen. Dabei haben auch Wiederholungen von Rätseln ihre Berechtigung.

Rätsel wiederholen

Die meisten der folgenden Rätsel- und Ratespiele eignen sich bereits für fünfjährige Kinder. Bei ihnen ist die differenzierte Wahrnehmung fortgeschritten. Sie können Einzelheiten erfassen und auf ein Ganzes beziehen. Zusammen mit den Kindern können wir unzählige Rätsel erfinden, z. B. durch Vergleich oder Umschreibung. Gegenstände und Lebewesen aus dem Lebensbereich der Kinder werden gesucht (Tiere, Spielzeuge, Haushalts- und Gartengeräte, Straßenverkehr usw.).

Eine Anmerkung noch zur Durchführung: Damit nicht immer die gleichen Kinder 'drankommen, sollten wir auch der Reihe nach Rätsel aufgeben.

Spielvorschläge

115 Fünfunddreißig Reimrätsel

Ich kenn' etwas, das ist aus Stein,
da gehen die Leute aus und ein. (Das Haus)

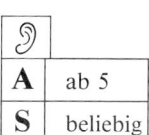

A	ab 5
S	beliebig

Es hat kein Auge, keine Hand,
auch nicht Verstand,
doch malt es, wie kein Künstler kann,
im Augenblicke jedermann. (Der Spiegel)

Süß ist's, was ich schaffe,
gefährlich meine Waffe. (Die Biene)

An der Schnur, da hält's das Kind,
in der Höhe trägt's der Wind.
Schön gemacht ist's aus Papier,
liebes Kind so sag es mir. (Der Drachen)

Trag' tausend Nadeln her und hin,
obwohl ich doch kein Schneider bin. (Der Igel)

Weiß wie Kreide,
leicht wie Flaum,
weich wie Seide,
feucht wie Schaum. (Die Schneeflocke)

Ach, ach, ach!
Wer läuft mir immer nach?
Es ist ein kleiner schwarzer Mann,
der ohne mich nicht laufen kann. (Der eigene Schatten)

Lustig und bunt, spitz und auch rund,
dreht sich im Kreise, summt auch ganz leise,
hüpft auch mal fort! Nenn' mir das Wort. (Der Brummkreisel)

Unter grünem Blatt verborgen,
häng' ich rot und rund.
Kinder, sucht mich froh am Morgen,
und steckt mich in den Mund. (Die Erdbeere)

Viele Fenster und auch Türen,
sind im großen, großen Haus!
Viele Kinder sieht man laufen,
geh'n dort täglich ein und aus. (Der Kindergarten / Hort)

Hat ein Häuschen hart wie Stein,
doch was drin ist, das schmeckt fein. (Die Nuß)

Stacheln hab' ich wie ein Igel,
ei, sieht das nicht lustig aus?
Purzle ich vom Baum herunter,
springt ein kleines Männlein 'raus. (Die Kastanie)

Mich soll's wundern, ob ihr kennt,
den Vogel, der sich selber nennt. (Der Kuckuck)

Welcher Vogel legt die Eierlein
stets in ein fremdes Nest hinein? (Der Kuckuck)

Hat hinten zwei Ringe und vorne zwei Spitzen
und in der Mitte ein Schräubchen sitzen. (Die Schere)

Wer rührt und knetet, formt und schiebt,
das, was mit Streuseln 'drauf das Mäulchen liebt? (Der Bäcker)

Was fliegt so bunt im Sonnenschein
und kehrt als Gast bei Blumen ein? (Der Schmetterling)

Es ist ein kunterbunter Mann,
der keine Ruhe geben kann.
Er schwingt die Arme auf und nieder,
bewegt die Beine immer wieder,
er hält erst still, bedenke nur,
ziehst du nicht mehr an seiner Schnur. (Der Hampelmann)

Wer schleicht so leise durch das Haus,
schleckt Milch und fängt sich eine Maus? (Die Katze)

In einem kleinen Häuschen,
da sieht's gar lustig aus.
Es sind darin fünf Stübchen
gerad' wie in einem Haus.
In jedem Stübchen wohnen
drei braune Kerne klein.
Sie liegen drin und träumen
vom lieben Sonnenschein. (Der Apfel und die Apfelkerne)

Da bin ich Kleine. Ich hab' acht Beine,
bin rund und klein, zieh Netze fein,
aus zarten Fädchen, ganz ohne Rädchen. (Die Spinne)

Bekannt bin ich im ganzen Land,
ihr nehmt mich täglich in die Hand,
viele Zähne hab' ich und kann doch nicht beißen.
Nun rate 'mal, wie mag ich wohl heißen? (Der Kamm)

Am Tage stopft man ihnen das Maul,
nachts stehen sie vorm Bett und gähnen faul. (Die Hausschuhe)

Rate mal, wer ich bin:
Ich bin im *A*pfel und im H*a*us,
bin mitten im M*a*i und vorn im *A*us. (Das A)

Alles hört es fort und fort
und sagt doch nicht ein einzig Wort.
Rate, wer ist so verschwiegen?
Schlafend wirst du auf ihm liegen. (Das Ohr)

Erst weiß wie Schnee,
dann grün wie Klee,
dann rot wie Blut,
schmeckt allen Kindern gut. (Die Kirsche)

Es sitzen zweiunddreißig Gesellchen
in einem kleinen Ställchen,
sind immer lustig und munter,
gehen auf und runter,
und ein rotes Möpschen dabei:
so sitzen sie schön in einer Reih'. (Die Zähne)

Ich weiß ein kleines Haus,
hat weder Fenster noch Tore,
und will sein kleiner Wirt heraus,
muß er die Wand durchbohren. (Das Ei)

Will sehen, wer das weiß:
Es brennt und ist nicht heiß. (Die Brennessel)

Sitzt einer auf dem Dach und raucht,
der weder Pfeife noch Tabak braucht. (Der Schornstein)

Er singt kein Lied, er spricht kein Wort
und meldet doch jeden Gast sofort. (Der Hund)

Möchte wohl wissen, wer das ist,
der immer mit zwei Löffeln frißt. (Der Hase)

Es hat zwei Flügel und kann nicht fliegen,
es hat einen Rücken und kann nicht liegen,
es hat ein Bein und kann nicht steh'n,
es kann laufen, aber nicht geh'n. (Die Nase)

Ich hab' ein Loch
und mach ein Loch
und schlüpfe auch durch dieses noch. (Die Nähnadel)

Wer mich beißt, den beiß' ich wieder,
mach ihm naß die Augenlider. (Die Zwiebel)

116 Vierundvierzig Fragen und Scherzrätsel

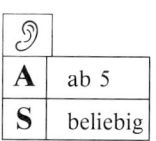

| A | ab 5 |
| S | beliebig |

In welchem Garten wachsen keine Pflaumen? (Im Kindergarten)

Welcher Peter ist bestimmt musikalisch? (Der Trompeter)

Es gibt eine Ratte, die Bücher verschlingt. Weißt du, wie sie heißt? (Die Leseratte)

Welcher Vogel sagt dir seinen Namen? (Der Kuckuck)

Welcher Fisch hat die besten Manieren? (Der Bückling)

Sie ist aus Glas und reitet auf der Nase. (Die Brille)

Sie hat ein riesengroßes Maul und ist meist mit Sand gefüllt. (Die Baggerschaufel)

Warum kann es nicht zwei Tage hintereinander regnen? (Weil eine Nacht dazwischen ist.)

Welche Glocken haben keinen Klang? (Die Glockenblumen)

Welches Mütterchen ist stumm, gelb oder blau? (Das Stiefmütterchen)

Sie taucht Hemden und Socken in schneeweiße Flocken und hat weder Hände noch Beine. (Die Waschmaschine)

Mit welchen Gabeln ißt man nicht? (Mit der Stimmgabel / Heugabel)

Kein Anfang und kein Ende, doch schmückt es uns die Hände. (Der Ring)

Es ist kein Tier und frißt Papier. (Der Briefkasten)

Mal ist es kalt, mal ist es heiß, mal ist es Eis. (Das Wasser)

Welche Schuhe haben an den Füßen nichts zu suchen? (Die Handschuhe)

Was kannst du nicht in deine rechte Hand nehmen? (Deine rechte Hand)

Was ist am Kind kleiner und doch höher? (Die Mütze)

Wie kann man Wasser in einem Sieb tragen? (Gefroren)

Was geht übers Wasser und wird nicht naß? (Die Sonne / der Mond)

Er geht durch die Fensterscheiben und zerbricht sie nicht. (Der Sonnenschein)

Sie laufen bis ans Ende der Welt und haben doch keine Füße. (Die Wolken)

Er hat keinen Körper und ist doch sichtbar. (Der Schatten)

Welchen Garten muß man nicht begießen? (Den Kindergarten)

Was hat Zähne und beißt nicht? (Die Säge / das Zahnrad)

Welchen Spiegel kann man nicht zerbrechen? (Den Meeresspiegel)

Mit welchem Zahn kann man nicht beißen? (Mit dem Löwenzahn)

Nur ich kann sagen, was ich bin. (Die Zunge)

Der Mond, die Sonne, der Brotteig, die Blume und die Tür. Sie tun alle das gleiche, aber was? (Sie gehen auf)

Man ißt es nicht,
man schmeckt es nicht,
und doch schmeckt es allen gut. (Der Kuß)

Je mehr es bekommt, desto hungriger wird es,
und hat es alles gefressen,
dann stirbt es. (Das Feuer)

Loch an Loch und es hält doch. Was ist das? (Die Kette)

Welcher Ring ist nicht rund? (Der Hering)

Wer ist kugelrund und springt und rollt? (Der Ball)

Welches Kätzchen ist kein Tier? (Das Weidenkätzchen)

Es hört ohne Ohren, redet ohne Mund und antwortet in allen Sprachen. (Das Echo)

Welche Fensterläden fallen von selber zu ohne Geräusch. (Die Augenlider)

Es ist eckig, so weiß wie Schnee und sinkt im Tee. (Der Würfelzucker)

Welcher Hut paßt auf keinen Kopf? (Der Fingerhut)

Er geht über's Feld und bewegt sich nicht. (Der Weg)

Kleiner als eine Maus hütet es das ganze Haus. (Das Türschloß)

Wer hat vier Beine und keine Füße? (Bett / Stuhl / Tisch)

Sie hat keine Füße und kann doch gehen. (Die Uhr)

Es ist braun und die Kinder trinken es gerne. (Der Kakao)

117 Umkehrrätsel

A	ab 9

Vorwärts gelesen erzeuge ich Wein,
kehrst du mich um, so werd ich ein Schwein. (Rebe / Eber)

118 Vergleichsrätsel

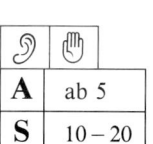

A	ab 5
S	10 – 20

Die Kinder müssen bei diesem Spiel Gegenständen die richtigen Eigenschaften zuordnen. Gespielt wird möglichst in einem größeren Raum (Turnraum). Die Kinder stehen nebeneinander an einer Wand der Erzieherin gegenüber. Die Erzieherin fragt: „Was ist kleiner, ein Eichhörnchen oder eine Maus?" Entweder antworten die Kinder der Reihe nach oder nach Aufruf durch die Erzieherin. Nach jeder richtigen Antwort darf das jeweilige Kind einen Schritt nach vorne machen. Wer ist zuerst bei der Erzieherin?

Weitere Fragen: Was ist größer, länger, dicker, schwerer, dunkler usw. . . . ?

119 Märchenrätsel

A	ab 5
S	2 – 10

Ein kleiner, unscheinbarer Wicht,
der sagte seinen Namen nicht.
Er spann wohl Stroh zu reinem Golde,
als Lohn ein Kind er haben wollte.
Er hüpfte dann im Wald umher
und freute sich auf's Kindchen sehr. (Rumpelstilzchen)

Wenn ein Mädchen mit dem Körbchen
froh zu seiner Oma reist,
und es trifft dann auf den Wolf,
so weiß man, wie das Mädchen heißt. (Rotkäppchen)

In welchem Märchen, sehr bekannt,
hat alle Spindeln man verbrannt?
Nur eine nicht, die keiner fand,
die stach dem Mädchen in die Hand.
Es schlief dann lange hinter Hecken,
bis es ein Königssohn kam wecken. (Dornröschen)

120 Märchenquiz

A	ab 4
S	2 – 20

„Wer sagt was im Märchen?" fragt die Erzieherin die Kinder, die nun ihr eigenes Märchenwissen überprüfen können.

Beispiele:
„Knusper, knusper Knäuschen, wer knabbert an meinem Häuschen?"
„Spieglein, Spieglein an der Wand ..."
„Kikeriki, die schöne Jungfer ist wieder hie!"
„Großmutter, warum hast du denn so große Augen?"
„Mantje, mantje Timpe Te ..."
„Was rumpelt und pumpelt in meinem Bauch herum?"
„Ich bin so satt, ich mag kein Blatt ..."
„Die guten ins Töpfchen, die schlechten ins Kröpfchen!"

121 Sagten das die sieben Zwerge?

𝔍	
A	ab 5
S	2 – 10

Hier stimmt etwas nicht. Die Erzieherin hat einiges durcheinander gebracht:

Wer hat von meinem *Becherchen* gegessen?
Wer hat aus meinem *Tellerchen* getrunken?
Wer hat mit meinem *Messerchen* gegessen?
Wer hat mit meinem *Gäbelchen* geschnitten?
Wer hat auf meinem *Tisch* geschlafen.
Wer hat mein *Bettchen* weggenommen?

Die Kinder hören aufmerksam zu und korrigieren.

122 Märchen im Ratekreis

𝔍	
A	ab 5
S	10 – 20

Die Kinder sitzen im Stuhlkreis. Während ein Kind aus dem Gruppenraum geht, wählen die anderen ein Märchen aus, das zu erraten ist. Das Kind wird hereingerufen und tritt vor ein anderes im Kreis. Dieses versucht, das Märchen mit einem Satz zu beschreiben. Es sagt z. B. „In unserem Märchen kommt ein Mann mit einem grünen Hut vor." (In diesem Fall der Jäger aus „Schneewittchen"). Dann geht das Kind weiter. Jeder nächste Mitspieler im Stuhlkreis gibt mit einem weiteren Satz Auskunft über das gesuchte Märchen. Dabei ist die Reihenfolge der Märchenhandlung nicht so wichtig. Das Kind, bei dem die Märchenhandlung erraten wurde, geht als nächstes nach draußen, um ein neues Märchen zu erraten.

123 Scherzfragengedicht

A	ab 5/6
S	2 – 20

Welcher König hat kein Land? (Zaunkönig)
Welcher Hut hat keinen Rand? (Fingerhut)
Welche Uhr hat keine Räder? (Sonnenuhr)
Welcher Schuh ist nicht aus Leder? (Schlittschuh)
Welcher Hahn kann gar nicht krähen? (Wetterhahn / Wasserhahn)
Wer hat Füße und kann nicht gehen? (Tisch / Stuhl)
Welche Mühle malt kein Korn? (Kaffeemühle / Pfeffermühle)
Welche Rose ist ohne Dorn? (Seerose / Wasserrose)
Welcher Regen macht nicht naß? (Goldregen)
Welches Faß ist meist aus Glas? (Tintenfaß)
Wer hat immer das letzte Wort? (Echo)
Was geht und bleibt doch stets am Ort? (Uhr)

Die Erzieherin trägt vor und gibt den Kindern nach jeder Frage Zeit zur Beantwortung. Manchmal ergeben sich mehrere mögliche Antworten. Vielleicht entwickeln die Kinder eigene Vorschläge und Ideen.

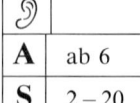

124 Lügengedicht

A	ab 6
S	2 – 20

Die Erzieherin trägt ein „Lügengedicht" vor, und die Kinder haben ihren Spaß, alle Fehler zu finden, die sich hier verborgen haben.

Dunkel war's ...

Dunkel war's, der Mond schien helle,
Schnee bedeckt die grüne Flur,
als ein Wagen blitzeschnelle,
langsam um die Ecke fuhr.

Drinnen saßen stehend Leute,
schweigend in's Gespräch vertieft,
als ein totgeschossener Hase
auf der Wiese Schlittschuh lief.

Und auf einer roten Bank,
die blau angestrichen war,
saß ein blondgelockter Jüngling
mit kohlrabenschwarzem Haar.

Neben ihm 'ne alte Schachtel,
zählte kaum erst 16 Jahr',
und sie aß ein Butterbrot,
das mit Schmalz bestrichen war.

Oben auf dem Apfelbaume,
der sehr grüne Birnen trug,
hing des Frühlings letzte Pflaume
und voll Nüssen noch genug.

Das Gedicht eignet sich auch besonders als Thema für ein lustiges Phantasiebild.

125 Dargestellte Lieder

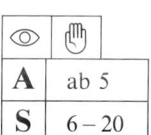

Um aufmerksames, genaues Beobachten geht es bei diesem Spiel. Die Kinder bilden zwei Gruppen. Per Abzählreim wird entschieden, wer beginnt. Die Kinder der ersten Gruppe beraten, welches Lied sie „darstellen" wollen, z. B. „Klein Häslein wollt spazieren geh'n", „Fuchs, du hast die Gans gestohlen" oder „Auf unsrer Wiese gehet was" und verteilen die Rollen.
Die Kinder dürfen weder sprechen noch singen, nur mit den Lippen die Worte formen und entsprechende Bewegungen oder Handlungen ausführen. Die zweite Gruppe muß raten, um welches Lied es sich handelt. Hat sie richtig geraten, stellt sie nun ein Lied dar.

126 Geklopfte Lieder

A	ab 5
S	4 – 20

Die Erzieherin klopft ganz leise im Stuhlkreis den Rhythmus eines bekannten Liedes. Jedes Kind, das glaubt, das Lied zu kennen, darf leise mitklatschen.

Wenn alle das Lied erkannt haben, klatscht derjenige den Rhythmus eines neuen Liedes, der das vorherige als erster erkannt hat.

127 Rate, was im Koffer ist

A	ab 4
S	2 – 20

Material: Koffer, in dem sich beliebige Gegenstände befinden

Hier geht's um das Vorstellungsvermögen. Die Kinder sitzen vor dem Koffer. Die Erzieherin nimmt hinter dem aufgeklappten Deckel einen Gegenstand in die Hand und beschreibt ihn nach Form, Farbe und Tastempfinden. Welches Kind findet den Gegenstand heraus?

128 Banane

A	ab 6
S	6 – 20

Ein Kind verläßt den Raum. Die anderen denken sich eine Tätigkeit (z. B. Schuheputzen) aus. Wenn das ratende Kind wieder hereinkommt, sprechen die Mitspieler von dieser Tätigkeit nur noch als „Banane". Zum Beispiel: „Kann man von dieser Banane leben?" – „Nein!" – „Kann Onkel Christian Banane?" – „Bestimmt!" „Zu der Banane braucht man eine Bürste." So geht es weiter, bis der Begriff „Schuheputzen" gefunden wird. Gegebenenfalls hilft die Erzieherin etwas.

129 Was gehört dazu?

A	ab 5 / 6
S	2 – 20

Wir nennen Tätigkeiten, zu denen die Kinder die dazugehörigen Berufe bestimmen sollen. Die Erzieherin sagt: „Nähen". Wer den richtigen Beruf gefunden hat, antwortet in einem Satz: „Der Schneider näht", und er muß das nächste Wort nennen, z. B. „Blumen gießen". Die Antwort: „Der Gärtner gießt die Blumen."

Gerät das Spiel ins Stocken, so gibt die Erzieherin helfende Hinweise.

Variation: Es werden Tierstimmen benannt, z. B. Miauen (Die Katze miaut). Bellen, Krähen, Piepsen, Quaken usw.

130   Begriffe finden

Material: Je Kind Papier und Schreibstift

A   ab 8
S   5 – 10

Die Erzieherin nennt den Kindern eine begrenzte Anzahl von Oberbegriffen, die von ihnen notiert werden. In einer bestimmten Zeit, die
von der Erzieherin festgelegt wird, suchen die Kinder dann soviele
Begriffe, wie sie finden können und schreiben diese unter die Oberbegriffe (z. B. Werkzeug, Geschirr, Möbel, Obst, Gemüse, Straßen-
fahrzeuge usw.).
Gewertet wird das Spiel nicht insgesamt. Sieger ist jeweils das Kind,
das die meisten Begriffe zu einem Oberbegriff gefunden hat. Dieses
Kind darf für die nächste Runde einen Oberbegriff festlegen.

Variationen:
1. Die Anzahl der Oberbegriffe wird variiert (mehr oder weniger).
2. Die Zeitspanne wird verändert (mehr oder weniger).
3. Älteren Kindern kann man die Aufgabe stellen, eine Begriffspyra-
    mide aufzubauen, bei der entweder von der Basis oder von der Spitze
    ausgegangen wird (z. B. Birne, Obst, Baumfrucht, Nahrungsmittel).

131 Teekesselchen

𝔈	
A	ab 6
S	3 – 20

Für unser klassisches „Teekesselchen-Spiel" verlassen zwei Kinder den Raum und denken sich einen Begriff aus, der in der deutschen Sprache zwei Bedeutungen besitzt. Standardbeispiele dafür sind der Ton (das Material / das Geräusch) und die Birne (Glühlampe / Obst). Die beiden Kinder kommen wieder herein und berichten von ihren Begriffen. Das erste sagt: „Mein Teekesselchen kann man kneten." Das zweite Kind: „Mein Teekesselchen hat etwas mit Hören zu tun." Das geht solange, bis ein Mitspieler aus der Gruppe der Ratenden „Ton" ruft. Er darf zusammen mit einem Mitspieler den Raum verlassen und sich ein neues „Teekesselchen" ausdenken. Als Worte zum Teekesselraten für die Jüngeren eignen sich z. B.:

Bauer (Landwirt / Vogelbauer)
Schloß (Gebäude / Türschloß)
Flügel (Vogelflügel / Musikinstrument)
Gabel (Eßbesteck / Heugabel / Stimmgabel)
Blatt (Baumblatt / Papierblatt)
Decke (Zimmerdecke / Wolldecke)
Löffel (Besteckteil / Hasenohr)
Bank (Sparkasse / Parkbank)
Feder (Vogelfeder / Schreibfeder)
Fliege (Insekt / Kleidungsstück)

6. Spiele mit der Sprache, Zungenbrecher und Erzählspiele

Sprache und Sprechen sind ein zentrales Anliegen der pädagogischen Arbeit in Kindergarten und Hort. Die Sprache ist für das Kind von entscheidender Bedeutung für die Entwicklung seines Denkens, für den Aufbau sozialer Beziehungen, den Lernerfolg und die spätere Mitgestaltung des gesellschaftlichen Lebens.

Sprache und Denkentwicklung

Der Wortschatz beim dreijährigen Kind umfaßt schon etwa eintausend Wörter und entwickelt sich rasant weiter. Das Vorschulkind weiß schon gut, was es mit seiner Sprache alles anfangen kann, z. B. Aufmerksamkeit auf sich ziehen, seine Wünsche und Meinungen zum Ausdruck bringen, das Verhalten anderer beeinflussen, den anderen etwas über sich sagen und Kontakt zu anderen aufnehmen.

Konzentration, Denken und Sprache stehen in einem unmittelbaren Zusammenhang. Bei Spielen mit der Sprache muß das Kind aufmerksam zuhören, es nimmt Informationen auf und gibt sie weiter, es erklärt, deutet, äußert Vermutungen und stellt gedankliche Zusammenhänge sprachlich dar.

aufmerksam zuhören

Eine Sprachförderung muß sich stets an der kindlichen Sprachentwicklung orientieren. Die Spielvorschläge der folgenden Seiten werden den genannten Voraussetzungen und Zielen in besonderer Weise gerecht.

Spielvorschläge

🎵	
A	ab 4
S	2 – 10

132 Zweiundzwanzig Zungenbrecher

Schnellsprechsätze bzw. „Zungenbrecher" werden von der Erzieherin oder einem Kind zunächst langsam aufgesagt und langsam nachgesprochen. Dann steigert sich das Sprechtempo, bis es vor lauter Versprechern und Lachen nicht weitergeht. Welches Kind schafft es, einen der nachfolgenden Sätze dreimal fehlerlos aufzusagen?

1. Kleine Katzen und kleine Kinder kugeln gern mit Kugeln und Klinkern.
2. Sieben Schneeschaufler schaufeln Schnee.
3. Es lagen zwei zischende Schlangen zwischen zwei spitzigen Steinen und zischten dazwischen.
4. Es klapperten die Klapperschlangen, bis ihre Klappern schlapper klangen.
5. Ein krummer Krebs kroch über eine krumme Schraube.
6. Die Katze tritt die Treppe krumm, die Katze tritt die Treppe krumm.
7. Esel essen Nesseln gern, Nesseln essen Esel gern.
8. In Ulm und um Ulm und um Ulm herum.
9. Die Bürsten mit schwarzen Borsten bürsten besser als die Bürsten mit weißen Borsten.
10. Wer nichts weiß und weiß, daß er nichts weiß, weiß vielmehr als der, der nicht weiß, daß er nichts weiß.
11. Der Mondschein schien schon schön.
12. Achtundachtzig achteckige Heringsköpfe.
13. Große Krebse krabbeln im Korbe. Im Korbe krabbeln große Krebse.
14. Klitzekleine Kinder können keinen Kirschkern knacken.
15. Schneideschere schneidet scharf, scharf schneidet Schneideschere.
16. Wir Wiener Wäscheweiber wollen weiße Wäsche waschen, wenn wir wüßten, wo weiches, warmes Wasser wär.
17. Meßwechsel – Wachsmaske
18. Wenn Fliegen hinter Fliegen fliegen, fliegen Fliegen Fliegen nach.

19. Bierbrauer Bauer braut braunes Bier.
20. Kleine Kinder können Kaffee kochen. Kaffee kochen können kleine Kinder.
21. Zwischen zwei Zwetschgenzweigen zwitscherten zwei Schwalben.
22. Früh in der Frische fischen Fischer frische Fische.

133 Aufmerksame Zuhörer

A	ab 5
S	beliebig

Die Erzieherin liest eine Geschichte vor. Immer, wenn ein vorher festgelegtes Wort genannt wird (z. B. er, sie oder es), klatschen die Kinder in die Hände.

134 Ich denk' an was

A	ab 5
S	beliebig

Die Kinder sollen Gegenstände suchen, auf die vorgegebene Eigenschaften zutreffen. Ein Kind beginnt: „Ich denk' an was, und das ist rund." Darauf ein zweites Kind: „Ein Ball ist rund." Ein drittes: „Der Ball ist aus Leder". Ein viertes: „Handschuhe können auch aus Leder sein." So geht es weiter, bis alle Mitspieler einmal an der Reihe waren.

135 Wörter zusammensetzen

A	ab 5
S	ab 2

Die Erzieherin zeigt einen Daumen und sagt: „Das ist der Wa". Dann zeigt sie den anderen Daumen und sagt: „Das ist der Gen". Sie fügt die beiden Daumen zusammen und fragt nun: „Wie heißt das Wort?" – Wagen.
Der Schwierigkeitsgrad steigert sich mit der Auswahl der zusammenzusetzenden Wörter. Die Kinder können ähnliche Rätsel erfinden.

136 Defekte Schallplatte

A	ab 5
S	ab 4

Die Kinder sitzen im Stuhlkreis. alle unterhalten sich miteinander. Die Erzieherin hat ein Glöckchen (oder Handtrommel / Triangel) in der Hand. Wird das Glöckchen geläutet, müssen alle in ihrer Bewegung erstarren. Kinder, die gerade gesprochen haben, wiederholen das zuletzt Gesagte immer wieder, wie eine defekte Schallplatte. Läutet die Erzieherin erneut das Glöckchen, setzt die muntere Gesprächsrunde ihre Unterhaltung fort.

137 Wortverwandlung

A	ab 7
S	beliebig

Wer findet die meisten Wortumwandlungen? Ein Spieler gibt zu Beginn ein Stichwort. Durch Hinzunahme, Austausch oder Weglassung eines Buchstabens wandelt die Spielgruppe dieses Wort so oft um, wie es geht. Hier ein Beispiel: Haus – Maus – Laus – Graus – Schmaus – raus ...

138 Bildbeschreibung

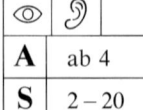

A	ab 4
S	2 – 20

Material: Bilder mit umfangreichem Handlungsgeschehen

Bei diesem Spiel geht es um Genauigkeit und Vollständigkeit beim Betrachten eines Bildes. Durch Hinweise der Erzieherin, das Bild in einer bestimmten Ordnung, von links nach rechts oder vom Vordergrund zum Hintergrund zu beschreiben, läßt sich die Sprunghaftigkeit des Kindes einschränken. Es übt, das Gesehene zu ordnen und sich sprachlich in zusammenhängenden Sätzen zu äußern.

139 Kein – ohne

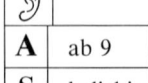

A	ab 9
S	beliebig

In diesem alten Reimspiel gibt die Erzieherin einen „Kein-ohne"-Satz vor. Jeder weitere Spieler muß diesen Satz mit einer Kein-ohne-Reimzeile ergänzen.

Beispiel: Kein Haus ohne Maus ...
Kein Pelz ohne Laus ...
Kein Wetter ohne Regen ...
Keine Kirche ohne Segen ... usw.

140 Stille Nachricht

👂	
A	ab 6
S	10 – 20

Genau zuhören müssen die Kinder, die in Kreisform sitzen. Ein erstes Kind (oder die Erzieherin) flüstert dem rechten Nachbarn einen Satz ins Ohr. Dieser gibt die stille Nachricht umgehend an seinen rechten Nachbarn ... usw., bis so das erste Kind schließlich seine eigene abgeschickte Nachricht hört. Nun sagt es laut, was es wirklich geflüstert hat und was aus der Nachricht geworden ist.

141 Ich fahre nach ...

👂	
A	ab 10
S	beliebig

Die Kinder sitzen im Kreis. Einer sagt: „Ich fahre nach ..." und nennt dabei einen Städtenamen (z. B. Freiburg). Der Nebenmann nennt nun eine Stadt, die mit dem letzten Buchstaben der vorhergenannten Stadt beginnen muß (hier z. B. Göttingen). So geht es reihum, bis jedes Kind einmal dran war.

142 Ferienziele

👁	👂
A	ab 5
S	beliebig

Material: Je Spielgruppe möglichst viele Bilder aus Reiseprospekten und Ansichtskarten mit möglichst verschiedenartigen Ferienorten (Gebirge, Meer, Wald, Stadt, Dorf usw.)

Ein Kind beschreibt, wo es seine Ferien verbracht hat. Die anderen Kinder suchen nun aus den Bildern und Karten jeweils die heraus, die am besten passen und halten sie hoch.

143 Sprech-Kim

👂	
A	ab 6
S	3 – 15

Die Erzieherin liest acht einfache Wörter vor und wiederholt sie einmal. Danach versucht jedes Kind die zu wiederholen, die es eben gehört hat. Für jedes Wort gibt es einen Punkt. Wer die meisten Punkte hat, ist Sieger.

144 Silben-Domino

A	ab 7
S	2 – 20

Die Spieler sitzen im Kreis. Die Erzieherin nennt das erste zusammengesetzte Hauptwort, die weiteren Mitspieler nennen neue Hauptwörter.

Einige Beispiele: Schranktür – Türschlüssel – Schlüsselloch – Lochkarte – Kartenständer ...

145 Die Uhr läuft

A	ab 7
S	beliebig

Die Erzieherin wählt zu Spielbeginn ein Kind aus, das in einer bestimmten Zeit möglichst viele Begriffe mit einem bestimmten Anfangsbuchstaben nennen soll. Dasjenige Kind, das mit der Aufzählung zu Ende ist, bestimmt den nächsten Mitspieler und auch den Anfangsbuchstaben. Die anderen Kinder zählen die Begriffe. Am Schluß notiert die Erzieherin die Anzahl auf ihrem Notizblock, um die Ergebnisse am Schluß des Spieles vergleichen zu können.

Das Kind, das am Schluß über die meisten Punkte verfügt, ist Sieger. Schwierige Buchstaben wie x, y oder z vermeiden wir.

Variationen:

1. Die Begriffe dürfen nur aus einem bestimmten Bereich kommen: z. B. Vornamen, Tiernamen, Städtenamen.

2. Es muß überhaupt ein bestimmter Buchstabe vorkommen, gleich an welcher Stelle.

3. Der bestimmte Buchstabe muß am Ende vorkommen.

4. Es werden Gegenstände nach Form oder Farbe aufgezählt, z. B. „Was ist alles rund?".

146 Spielzeugbestellung

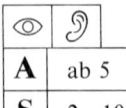

A	ab 5
S	2 – 10

Material: Spiel- und Lernmittelkatalog, eventuell zwei Spieltelefone

Im Sitzkreis bestellen einige Kinder bei der Erzieherin, die in die Rolle einer Spielzeugversenderin geschlüpft ist, neues Spielmaterial für den Kindergarten (Hort). Dazu benutzen sie einen bereitgestellten Spielzeugkatalog. Die Erzieherin achtet darauf, daß die Kinder ihre gewünschten Artikel genau beschreiben, damit es keine Zweifel gibt, was gemeint ist. Auch muß klar werden, wer der Auftraggeber ist und wohin die Gegenstände geschickt werden sollen. In die Rolle des Spielzeugversenders schlüpft jetzt ein Kind.

147 Kettengespräch

A	ab 6
S	10 – 20

Das Gespräch und das Zuhören-können verlangen volle Aufmerksamkeit. Die Erzieherin gibt ein interessantes Gesprächsthema vor. Die Gruppe wird in zwei Hälften geteilt. Aus jeder Gruppe tritt nun ein Kind vor, und die beiden beginnen ein Gespräch über das vereinbarte Thema (z. B. „Ich verreise mit meinen Eltern"). Geht einem von den beiden der Gesprächsstoff aus, klatscht es in die Hände. Ein anderes Kind aus seiner Gruppe löst es ab und führt das Gespräch fort.

148 Wörter ohne „a"

A	ab 7
S	5 – 12

Die Erzieherin beginnt: „Ich mag alle Buchstaben gern. Nur das „a" kann ich nicht leiden." Sie zeigt auf ein Kind, das nun einen Satz wählt, in dem keines der Wörter ein „a" enthält. Wer seine Aufgabe richtig gelöst hat, darf jetzt die nächste Frage an einen Mitspieler stellen.

Variation: Es werden andere Buchstaben des Alphabets gewählt. Besonders schwierig ist es, das „e" zu vermeiden.

149 Was möchtest du lieber?

A	ab 5
S	1 – 20

Bei diesem Erzählspiel sitzen die Kinder im Stuhlkreis. Die Erzieherin fragt nach Wünschen der Kinder und was ihnen besonderen Spaß macht. Dann leitet sie über zur Frage „Was möchtest du lieber ...?" und nennt lustige Beispiele wie ...

Möchtest du lieber ...
mit den Störchen nach Afrika fliegen, eine Woche lang Würstchen essen oder aus einer Blumenvase Kakao trinken?
so stark sein, wie das „Tapfere Schneiderlein", einen Spaziergang auf dem Mond machen oder zum Geburtstag eine Kiste mit Fröschen geschenkt bekommen?
alle Sprachen der Welt verstehen, ohne sie zu lernen, vier Wochen lang nur schlafen oder heute mittag Pudding mit Senf essen?
auf einer Leiter zum Himmel klettern können, dich einmal mit Schokolade dumm und dämlich essen oder nie mehr schwindeln?
Die Wünsche der Kinder werden im Gespräch erörtert.

150 Was mache ich, wenn ...

🎵	
A	ab 5
S	6 – 12

Mit diesem Frageansatz beginnt ein Gespräch im Stuhlkreis, bei dem wir mit den Kindern verschiedene Reaktionsweisen in lebensnahen Konfliktsituationen spielend erproben wollen.

Die Erzieherin fragt z. B. die Kinder:
Was machst du, wenn ...
sich ein Erwachsener beim Einkaufen vordrängelt, obwohl er noch gar nicht an der Reihe ist?
du möchtest, daß ein Kind im Kindergarten (Hort/Schule) dein Freund wird?
du von einem Kind geschlagen wirst?
deine Mutter von dir verlangt, daß du dein Zimmer aufräumen sollst?
du deinem Vater beim Autowaschen helfen möchtest, er dich aber nicht läßt, weil er Angst hat, du könntest den Lack zerkratzen?
dir in der Stadt beim Einkaufen die Eltern verloren gehen?
du am Nachmittag spielen möchtest und sich die Nachbarn über den Lärm beklagen?

Für die Beantwortung eines genannten Konfliktes lassen wir den Kindern genügend Zeit.

151 Verbotene Wörter

🎵	
A	ab 6
S	6 – 12

Material: Je Kind 5 Mugelsteine (oder Erbsen, Steine, Nüsse)

Je zwei Kinder sprechen miteinander. Dabei dürfen nicht die vorher vereinbarten Wörter „ja, nein, ich ... usw." gebraucht werden. Wer ein „verbotenes Wort" nennt, muß dem anderen einen Mugelstein abgeben. Wenn ein Kind keinen mehr hat, wird es durch ein anderes aus der Gruppe abgelöst.

152 Auf der Reise

👂	
A	ab 5
S	10 – 20

Die Kinder müssen aufmerksam zuhören, wenn die Erzieherin eine ausgedachte Geschichte von einer Reise erzählt, in der soviele Dinge und Personen vorkommen, wie die Gruppe Kinder hat, und die möglichst oft und schnell wechselnd auftauchen. Zu Beginn erhält jedes Kind eine Rolle (z. B. „Du bist die Eisenbahn; du bist das Wasser; du bist der alte Mann; du bist die Parkbank usw.). Jetzt erzählt die Erzieherin ihre Geschichte. Immer wenn eine Rolle in der Geschichte genannt wird, steht das betreffende Kind auf, dreht sich einmal um sich selbst und setzt sich wieder hin. Wer seine Rolle überhört hat, setzt sich vor seinen Stuhl und kann erst wieder auf ihm Platz nehmen, wenn seine Rolle erwähnt wird.

153 Anschauen – zuhören – sprechen – umsetzen

👁	👂	✋
A		ab 3 / 4
S		ab 2

Material: Bildvorlagen und Bilderbücher, Malpapier, Wachsmalstifte

Bildvorlagen und Bilderbücher helfen in besonderer Weise konzentriert wahrzunehmen und Wahrgenommenes mit eigenen Worten auszudrücken und wiederzugeben. Das Kind lernt, sich ein Bild genau anzuschauen und die dargestellten Sachverhalte zu beschreiben.

1. Wir blättern gemeinsam mit dem Kind ein Bilderbuch durch. Das Kind stellt Fragen, wir antworten.
2. Wir erzählen beim nächstenmal die Geschichte in Kurzform. Die dargestellten Bilder werden auf Fragen des Kindes hin erklärt.
3. Einige Tage später erzählen wir die Geschichte wieder und lassen uns vom Kind die dargestellten Situationen beschreiben.
4. Der Text wird vorgelesen. Der Sachverhalt wird vom Kind anhand der Bilder erkannt.
5. Das Kind erzählt die Geschichte anhand der Bilder.
6. Personen und Tiere der Handlung werden im Stuhlkreis von mehreren Kindern pantomimisch und akustisch wiedergegeben (z. B. Bellen wie ein Hund, Krähen wie ein Hahn, Hüpfen wie ein Frosch).
7. Die in den Bildvorlagen und Bilderbüchern dargestellten Personen, Tiere, Landschaften, Häuser, Situationen werden gemalt.

154 Märchenerzähler

A	ab 5
S	2 – 20

Kinder erzählen zu einem gezeigten Märchenbild ihren eigenen Text.

Variationen:

1. Von einem weniger bekannten Märchen wird der Schluß weggelassen, oder nur bis zum Höhepunkt erzählt. Die Erzieherin: „Wie mag es wohl weitergehen?"

2. Die Kinder hören von einem weniger bekannten Märchen nur den Abschluß und rekonstruieren die vorangegangenen Ereignisse.

3. Die Kinder erfinden Märchen, z. B. „Es war einmal ein kleiner Junge, der konnte täglich soviel essen wie zehn Erwachsene zusammen…". Wie geht es weiter?

155 Ein Lügenmärchen

A	ab 5
S	2 – 20

In bekannte Märchen oder Geschichten werden falsche Wörter eingeschleust, die dort nichts zu suchen haben. die Erzieherin sagt: „Heute möchte ich euch ein Märchen erzählen, wie ihr es bestimmt noch nicht gehört habt. Wem etwas auffällt, der darf bei dem betreffenden Wort auf den Boden stampfen oder in die Hände klatschen."

Beispiel:
Der Schäferhund und die sieben Eichhörnchen

Es war einmal eine Ziegenmutter. Die hatte sieben kleine *Eichhörnchen,* und weil diese immer so lieb waren, sagte sie: „Ich will an den *Strand* fahren und *Marzipanbrote* für euch kaufen. Seid schön brav und öffnet *jedem,* der an die Tür klopft." „Wir werden auf dich hören", erwiderten die Geislein. Als ihre Mutter fortgegangen war, setzten sie sich vor den *Fernsehapparat.* Plötzlich klopfte es an der Tür. „Macht auf, liebe Kinder!" rief jemand mit ganz *tiefer* Stimme. „Eure liebe *Taschenlampe* ist hier und hat jedem etwas mitgebracht." „Du bist unsere liebe Mutti nicht" antworteten die *Eichhörnchen,* „unsere liebe Mutter spricht lieblich wie eine *Motorsäge.*" Wütend zog der *Schäferhund* davon. Bei einem Bäcker kaufte er sich *Holzkohle,* fraß sie und bekam eine feine, sanfte Stimme.

Als er wieder vor dem Häuschen klopfte, sprach er wie die Ziegenmutter. Aber die Geißlein waren vorsichtig und forderten ihn auf, seine Pfote auf das Fensterbrett zu legen. „Oh" meckerten sie, du bist nicht unsere liebe Mutter. Du hast eine *gelbe* Pforte, unsere Mutter hat eine *rote*. Du bist der böse Wolf."

Da lief der Wolf zum Müller, kaufte sich *Milch* und tauchte beide Pfoten tief hinein. Nun waren sie schön weiß. Als er wieder an der Ziegenhütte anklopfte, glaubten die Geißlein, daß es ihre Mutter wäre. Sie ließen ihn ein, und er gab jedem von ihnen einen großen *Lolly*. Dann lud er sie zu einem Besuch im *Tierpark* ein. Nur das kleinste Kind versteckte sich in einer großen *Blumenvase*.

Als die Mutter heimkam, war sie sehr traurig, daß ihre Kinder verschwunden waren. Als sie das kleinste fand, gab sie ihm einen Löffel *Senf,* weil es *Kopfschmerzen* in der engen Standuhr bekommen hatte. Dann holte sie Schere, Nadel und Faden und ging mit ihrem *Eichhörnchenkind* hinaus auf die Wiese. Dort schlief der Wolf. Ritsch-ratsch, ritsch-ratsch schnitt ihm die Mutter den Bauch auf, und alle Geißlein sprangen munter und vergnügt heraus. Dann füllten sie den Wolfsbauch mit *Luftballons,* und die Ziegenmutter nähte ihn zu. Als der Wolf erwachte, *schwebte er bereits über der Turmspitze der Dorfkirche, stieg immer höher und höher, und wenn er nicht gestorben ist, dann kann man ihn bei gutem Wetter manchmal am Himmel fliegen sehen.*

156 Verrückter Sonntag

Hier stimmt einiges nicht. Die Erzieherin trägt vor, und die Kinder korrigieren die Quatschgeschichte:

♪		
A	ab 4
S	2 – 20

„Jeden Sonntag putzt sich mein Vater mit dem Rasierapparat die Zähne und rasiert sich dann mit der Zahnbürste. Dann zieht er sich die Hose über den Kopf, knöpft das Hemd über dem Pullover zu und bindet sich einen Schal um. Beim Frühstück verrührt er die Marmelade mit Ketchup, streichelt das Ei und klopft sich mit dem Eierlöffel auf den Kopf. Danach zündet er sich genüßlich eine Zeitung an und raucht sie in der Pfeife. Später hilft er meiner Mutter in der Küche. Er hackt den Herd klein und setzt den Topf auf die Petersilie. Anschließend bügelt er die Kartoffeln und hängt sie zusammen mit den gekochten Tellern zum Trocknen auf die Wäscheleine.

Beim Mittagstisch ißt er den Braten mit dem Löffel und trinkt den Pudding durch den Strohhalm. Dann legt er das Geschirr auf das Sofa und ruht sich in der Geschirrspülmaschine etwas aus.
Am Nachmittag badet er seine Füße in einer Schüssel mit aufgebrühtem Bohnenkaffee. Das macht ihn munter für einen langen Fernsehabend. Jetzt ist Mitternacht. Mein Vater rauscht und flimmert und der Fernseher schnarcht und schnarcht.
Gemeinsam erfinden wir mit den Kindern neue Quatschgeschichten und stellen die Wirklichkeit ein wenig auf den Kopf.

157 Unbekannte Sprache

🜂	
A	ab 7
S	12 – 15

Zwei bis drei ausgewählte Kinder gehen aus dem Raum. Die anderen überlegen sich ein Wort mit etwa vier oder mehr Silben. Die Silben werden auf Untergruppen in der ganzen Spielrunde aufgeteilt. Nehmen wir das Wort „Gemüseeintopf", so übernimmt eine Gruppe die Silbe „Ge", die nächste die Silbe „mü", wieder eine nächste „se" und so weiter, bis alle Silben verteilt und alle Spieler beteiligt sind.
Kommen die hinausgeschickten Kinder herein, rufen alle Kinder auf ein Zeichen der Erzieherin gleichzeitig ihre Silbe zwei bis dreimal. Für die zwei / drei Spieler besteht die Aufgabe nun darin, aus den einzelnen Silben das ganze Wort zusammenzubringen. Die Erzieherin läßt die Gruppe das Wort so lange rufen, bis es erraten wird. Dabei kann das Tempo und die Lautstärke verändert werden. Die Silben lassen sich auch auf eine bekannte Melodie singen.
Sobald das Wort erraten ist, gehen andere Kinder vor die Tür und denken sich ein neues, schwieriges Wort aus. Unter Umständen gibt die Erzieherin den Ratenden eine kleine Hilfe.

7. Darstellende Spiele und spielerische Übungen mit Mimik, Gestik und Sprache

Als darstellende Spiele in Kindergarten und Hort eignen sich nahezu alle figuralen und personalen Spielformen. Sie verlangen vom Kind während des Auftritts und, wo erforderlich, bereits beim Einüben ein Höchstmaß an Konzentration.

Darstellende Spiele verbessern die sprachliche und körperliche Ausdrucksfähigkeit des Kindes und lassen es viele neue Lernerfahrungen machen. Bei den Spielimprovisationen geht es um kleine Rollenspiele, die aus z. T. vorgegebenen Situationen bestehen. Spielinhalte, Rollen und Intensität des Spiels hängen fast immer vom spontanen Einbringen der Spieler ab.

Höchstmaß an Konzentration

Nicht selten versuchen Kinder, die durch eine autoritäre oder laissez-faire-Erziehung verunsichert wurden, im darstellenden Spiel Sicherheit zu gewinnen.

Wir wissen aus der Praxis, daß Konflikte, Angst, Dressur und Streß die Konzentrationsfähigkeit nachhaltig beeinträchtigen können. Darstellende Spielformen ermöglichen dem Kind in besonderer Weise Konflikte abzuleiten, zu verarbeiten und ein Selbstkonzept zu entwickeln.

Konfliktverarbeitung

Spielvorschläge

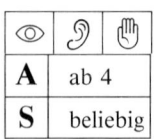

A	ab 4
S	beliebig

Kinder als
Zuschauer

158 Puppenspiel

Im Hinblick auf die Konzentrationsförderung hat das Puppenspiel besonders für 4–7jährige Kinder eine ganz unmittelbare, intensive Wirkung. Es wird von den Kindern angenommen. Als Zuschauer eines Puppenspiels wird das Kind immer in eine Als-ob-Situation versetzt. Es verfolgt die Bühnenhandlung, erlebt das Geschehen so, als wäre es selbst dabei. Es erkennt Konflikte und ihre Ursachen. Das erfordert vom Kind hohe Aufmerksamkeit, geistige Leistungen, Regsamkeit, Phantasie, das Erfassen von Abstraktionen und Entwickeln von Lösungsvarianten. Das Kind als Zuschauer eines Puppenspiels ist nie in einer passiven Rolle. Insofern ist die Auffassung falsch, wenn gesagt wird, der volle Wert des Puppenspiels für die Persönlichkeitsentwicklung entfalte sich erst, wenn die Kinder selbst spielen. Um alle Möglichkeiten zu nutzen, sollten das Vorspielen durch die Erzieherin und das Selbstspielen der Kinder in einem ausgewogenen Verhältnis stehen. Die Erzieherin kennt in der Regel das Entwicklungsniveau ihrer Gruppe und einzelner Kinder und kann daher ein gruppenorientiertes Puppenspiel entwickeln.

Selbstspielen
der Kinder

Mit Unterstützung der Erzieherin können die Kinder für ihr Puppenspiel Figuren, Requisiten, Bühne und Kulissen selbst herstellen. Puppenspiele können fast zu jeder Zeit in den Kindergartenalltag integriert werden.

Funktionen
des
Puppenspiels

Das Puppenspiel wirkt auf die Kinder durch
seine Komik, die Spaß und Vergnügen verspricht,
seine einfache, kindgemäße, phantasievolle Form,
seine belebten Figuren, die Klarheit und Eindeutigkeit seines Wesens,
sein märchenhaftes und phantastisches Geschehen, das jedoch auch immer wieder reale Bezüge herstellt und in einfacher, verständlicher Form soziale Bezüge und Widersprüche deutlich macht,
seine Emotionalität, die besonders das gefühlsbetonte Erleben des Kindes anspricht.

Bedeutung
für die
Konzentration

Die pädagogische Bedeutung des Puppenspiels für die Konzentrations- und Persönlichkeitsentwicklung des Kindes ist unumstritten. Durch die Handlung, Bewegung und Veränderung des Spiels machen Kinder die Erfahrung, daß man durch Zuschauen und Zuhören Inter-

essantes erfährt. Dabei verarbeiten sie optische und akustische Eindrücke und setzen diese zueinander in Beziehung.
Hier nun einige Anregungen:

1. Das Kind wird über die Puppe aktiv

Jedes Kind erhält eine Handpuppe. Mit diesen Puppen sitzen die Kinder zusammen und lassen sie etwas sagen (z. B. fragt eine Puppe die andere, wie es ihr geht, was sie heute nachmittag vorhat, stellt sich vor u. ä.).
Nach ersten Spielversuchen wagen wir uns mit den Kindern gemeinsam an eine Spielszene: Die Puppen übernehmen verschiedene Rollen. Es geht z. B. um Situationen auf dem Spielplatz, Streit zwischen zwei Erwachsenen, zwei Puppen erzählen sich das Allerneueste, telefonieren miteinander, verabreden sich für einen Abendbummel u. ä. *erste Spielversuche*
Sofern nicht bereits vorhanden, bauen wir gemeinsam mit den Kindern eine kleine Bühne und regen zum längeren Spielversuch an.

2. Die Erzieherin setzt die Puppe ein

Eine Rätselstunde gewinnt sehr an Reiz, wenn eine Figur mitwirkt. *Spielanlässe*
Gedichte und Lieder werden mit Figuren dargestellt.
In der Musikbeschäftigung lernt ein Marionettenvogel im 2/4-Takt zu gehen. Die Kinder klatschen dazu und freuen sich, wenn er es endlich richtig kann.
Kasper zeigt fünf Minuten Kunststücke und Späße mit seinem Hund Struppi.
Eine Puppe begrüßt die Kinder, die neu in den Kindergarten gekommen sind und überbrückt Fremdsein, Befangenheit und Unsicherheit.
Als Höhepunkt einer Geburtstags- oder sonstwie gearteten Feier führen wir für die Kinder ein Puppenspiel auf.
Für das Puppenspiel im Kindergarten und Hort eignen sich nahezu alle Figurenformen, wie z. B. selbstangefertigte oder gekaufte Fingerpuppen, Handpuppen, Stockpuppen, einfache Tuch- und Gliedermarionetten, Schattenspiel- und transparente Schemenfiguren.
Bieten die Erzieher Puppentheater an, so sollte das Stück nicht länger als 15 – 20 Minuten dauern, da Kinder z. B. bei einem Fest mit mehreren Angeboten in ihrer Konzentration stärker gefordert sind als sonst.

☉	✋
A	ab 6
S	beliebig

darstellen,
beobachten,
erraten

159 Lustige Scharaden

Material: Zettel mit vorbereiteten Begriffen als Ideenvorrat

Scharaden sind Silbenrätsel und Spiel zugleich. Durch das meist pantomimische Vorspielen und Raten erfolgt eine unmittelbare Kontaktaufnahme zwischen Darsteller und Zuschauer. Beide sind Partner. Die sorgfältige Darstellung einer Scharade erfordert ebenso Konzentration wie das Beobachten und Erraten des Begriffs. Die Erzieherin sorgt für eine gelöste Atmosphäre und motiviert die Spielgruppe durch eigene Beispiele. Sie gibt eine kurze Einführung in das Wesen der Scharade, gliedert, wenn nötig, die Szenen auf und faßt zusammen. Sie hilft auch und deutet an, wo die Lösung zu finden ist und achtet darauf, daß vorschnelle Erkenntnisse der Zuschauer bis zum Schluß zurückgehalten werden. Für unser Scharadenspiel im Kindergarten und Hort bilden wir Gruppen von 2 bis 4 Kindern, denen die Erzieherin Aufgaben zugeflüstert. Diese sollen spontan gespielt und von den Zuschauern geraten werden. Für Hortkinder können die zu spielenden Begriffe auch auf Zettel geschrieben und dann gezogen werden. Haben die Kinder das Prinzip der Scharaden erkannt, sollten sie sinnvollerweise eigene Begriffe entwickeln und darstellen.
Für erste Spielversuche eignen sich zusammengesetzte Hauptwörter, die szenisch dargestellt werden.

Beispiele:

Vogel-Haus	Wasser-Hahn	Tisch-Lampe
Wein-Stock	Huf-Eisen	Kinder-Garten
Stier-Kampf	Frosch-König	Finger-Hut
Motor-Rad	Platten-Spieler	Haus-Tür
Eier-Kuchen	Sonne(n)-Schirm	Hosen-Träger
Roll-Kragen	Kinder-Wagen	Taschen-Lampe
Puppen-Spiel	Wein-Berg	Garten-Zwerg
Bahn-Hof	Tisch-Tuch	Lampen-Schirm
Luft-Ballon	Schnee-Ball	Eis-Kugel

160   Pantomimische Übungen

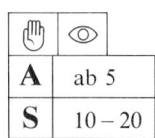

A	ab 5
S	10 – 20

Die besondere Spielqualität der Pantomime liegt für Kinder im Training der Wahrnehmung, Sensibilisierung, Ausdrucksübung, dem Entwickeln von Ideen, im genauen Beobachten und Wiedergeben. Die Pantomime fordert gespannte Aufmerksamkeit bei der Ausführung durch den Darsteller und beim Zuschauen und Erkennen der Szene durch das Publikum.

Die Erzieherin läßt die Kinder nacheinander gemeinsam verschiedene Handlungen pantomimisch darstellen. Sie sagt: „Wir tun so, als ob wir . . .

. . . unsere Zähne putzen,

. . . in die Hose steigen und die Jacke zuknöpfen,

. . . die Schnürsenkel unserer Schuhe zubinden,

. . . unsere Kindergartentasche (Schultasche) zusammenpacken,

. . . einen Knopf annähen,

. . . die Zeitung (ein Bilderbuch) lesen (betrachten),

. . . einen Ball werfen und fangen,

. . . Fußball spielen,

. . . ein Musikinstrument spielen,

. . . miteinander telefonieren,

. . . uns begrüßen,

. . . zu zweit einen Turm bauen,

. . . uns zu zweit etwas zuflüstern,

. . . Auto fahren."

Die Handlungen lassen sich beliebig erweitern. Das Spiel kann lebendig ausklingen, indem die Erzieherin mitteilt: „Wir tun so, als ob wir Turnen hätten . . ." Alle Kinder springen, hüpfen usw.

161   Eß-Pantomime

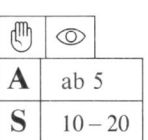

A	ab 5
S	10 – 20

Die Kinder überlegen sich, wie eine bestimmte Speise charakteristisch gegessen wird.

Pantomimisch essen die Kinder z. B. Hähnchen, Pizza, Johannisbeeren vom Strauch, Apfelsine, Banane, Kartoffelchips, ein zähes Schinkenbrot, Spaghetti usw.

Wer errät, was der einzelne gegessen hat, darf die nächste Pantomime spielen.

162 Pantomimische Kette

A	ab 5/6
S	10 – 20

Vier bis fünf Kinder verlassen den Raum. In der Zwischenzeit einigen sich die anderen auf eine kurze pantomimische Handlung, z. B. einen Kuchen zu backen.

Eines der hinausgeschickten Kinder wird hereingeholt. Ein Mitspieler führt ihm die Handlung möglichst genau vor, mit dem Hinweis, daß er dem nächsten, der hereingerufen wird, die Szene vorspielen soll. Über den Handlungsvorgang sprechen wir nicht. Das nächste Kind wird hereingerufen usw. Beispiele: Eine Tür streichen, einen Fahrradschlauch flicken, einen Staubsauger zusammensetzen und saugen.

163 Was läßt sich damit machen?

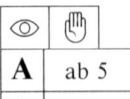

A	ab 5
S	10 – 20

Material: Beliebige Gegenstände (z. B. Kugelschreiber, Buch, Zeitung, Plastikschüssel, Handtuch, Bürste)

Die Erzieherin zeigt im Stuhlkreis nacheinander einen beliebigen Gegenstand. Jedes Kind versucht jetzt pantomimisch darzustellen, was man mit ihm machen kann (z. B. die Zeitung lesen, aufblättern, zerreißen, zusammenfalten, zerknüllen, zusammenrollen, zerschneiden, in Streifen reißen usw.).

164 Spielzeug-Pantomime

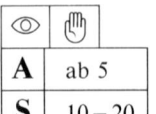

A	ab 5
S	10 – 20

Material: Verschiedene Spielzeuge

Die Kinder sitzen im Stuhlkreis. Sie stellen nacheinander den Umgang mit einem Spielzeug dar. Die anderen Mitspieler sollen raten. Haben die Kinder noch Schwierigkeiten bei der pantomimischen Darstellung, legt die Erzieherin verschiedene Spielsachen in die Kreismitte. Alle Kinder nehmen sich einen Gegenstand und spielen damit. Dann legen sie das Spielzeug aus der Hand, machen aber die Bewegungen weiter. Zwei Kinder gehen im Kreis reihum und versuchen zu erraten, welches Spielzeug jedes Kind gehabt hat.

165 Stummes Orchester

🖐	👁
A	ab 5
S	10 – 20

Bei diesem Spiel müssen die Kinder von Bewegungen auf die Art eines gespielten Musikinstrumentes schließen, was voraussetzt, daß sie mit einigen Instrumenten vertraut sind. Wir bilden einen Sitzkreis. Einige Kinder treten nacheinander in den Kreis und spielen pantomimisch das in Gedanken ausgewählte Instrument vor. Wer ein Instrument erraten hat, darf auf seinem in der nächsten Runde „vorspielen".

166 Wie fühlst du dich?

🖐	👁
A	ab 5
S	10 – 20

Um das Ausdrücken und Darstellen von Empfindungen geht es bei dieser pantomimischen Spielfolge, die im Sitzkreis durchgeführt wird.

Nacheinander tritt jeweils eine Gruppe von 3 bis 5 Kindern in den Kreis und spielt vor, was die Erzieherin angibt.

Beispiele:
„Zeige, wie du dich fühlst, wenn du ...
ein großes Geschenk auspackst,
hingefallen bist und dir wehgetan hast,
draußen spielen möchtest und es in Strömen regnet,
einen großen Hund auf dich zurennen siehst,
von einem Freund zu seiner Geburtstagsfeier eingeladen wirst,
mit deinen Eltern spielen willst und sie nicht wollen."

167 Im Zoo

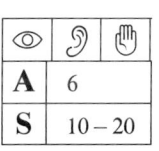

👁	👂	🖐
A	6	
S	10 – 20	

Material: Je Kind Papier und Bleistift.

Die Erzieherin flüstert jedem Kind den Namen eines bekannten Tieres zu (z. B. Affe, Elefant, Katze ...), dessen Laute oder Ruf ein Kind nachahmen kann. Eine Minute lang müssen die Kinder versuchen, die Laute ihres Tieres nachzuahmen, wenn möglich auch seine typischen Bewegungen. Dann schreibt (oder malt) jedes Kind auf, was es erkannt hat. Wer hat am Ende die meisten Tiere richtig erkannt? Die Erzieherin weist die Kinder vor Beginn des Spiels darauf hin, daß erkannte Tiere nicht „ausgeplaudert" werden sollen.

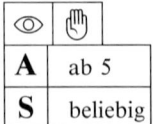

168 Mal stimmt's, mal nicht

A	ab 6
S	beliebig

Dieses pantomimische Konzentrationsspiel verlangt von den Kindern besondere visuelle, auditive und motorische Aufmerksamkeit. Die Erzieherin gibt Anweisungen, wie z. B.: „Fasse mit deiner rechten Hand an deinen linken Fuß!" Sie führt dazu Gesten aus, die mal der Aufforderung entsprechen und mal nicht. Die Kinder sollen nur ausführen, was sie *hören* und dürfen sich durch falsche Gesten nicht beirren lassen.

Welches Kind läßt sich von dem Durcheinander nicht aus der Ruhe bringen? Wer macht zuerst einen Fehler?

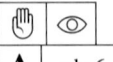

169 Da fehlt doch was!

A	ab 5
S	beliebig

Genaues Beobachten steht im Mittelpunkt dieses Spiels. Die Erzieherin spielt pantomimisch nacheinander einige Szenen aus dem täglichen Leben vor, z. B. Zähneputzen und Staubsaugen. Bei jeder dargestellten Handlung läßt sie jedoch einen wichtigen Schritt aus. So wird z. B. die Zahnpastatube nicht wieder zugeschraubt und beim Staubsaugen wird vergessen, den Stecker in die Steckdose zu stecken. Die Kinder geben an, was gefehlt hat oder spielen gegebenenfalls selbst den fehlenden Handlungsschritt.

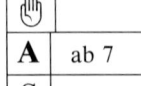

170 Wenn ich verreise

A	ab 6
S	8 – 12

Ähnlich wie beim „Kofferpacken" beginnt der erste Spieler mit dem Satz „Wenn ich verreise, nehme ich eine . . . Seife (Waschbewegungen pantomimisch vormachen) mit." Der nächste fährt jetzt fort, indem er den ersten Gegenstand wiederholt und einen weiteren hinzufügt (Zahnbürste, Kamm, Haarföhn, Jacke usw.). Alle Gegenstände werden nur pantomimisch gezeigt und nicht angesprochen.

171 Tiermenschen

A	ab 7
S	10 – 20

Mit der gesamten Gruppe gehen wir an das Thema. Wie ist es wohl zu bewerkstelligen, mit allen Kindern einen Tausendfüßler zu bilden? Oder eine Krake, eine Spinne oder einen Elefanten? Alle machen mit.

172 Hast du den lustigen Felix gesehen?

A	ab 4
S	8 – 20

Ein Kind fragt ein zweites: „Hast du den lustigen Felix gesehen?"
Darauf antwortet das andere Kind: „Ja!" – „Was tat er denn?" Nun
darf das zweite Kind nicht antworten, sondern es muß hüpfend aller-
lei Gesten oder lustige Bewegungen vorführen, die von den anderen
Kindern sofort nachgeahmt werden, bis ein Kind aus der Runde als
erster lacht. Dieses tritt dann vor einen nächsten Spieler und fragt
wieder nach dem lustigen Felix.

173 Seltsame Leute

A	ab 8
S	10 – 20

Die Gesamtgruppe wird in Dreier- bis Fünfergruppen geteilt. Wir
legen eine Spielszene fest, z. B. im Krankenhaus, beim Zahnarzt, im
Bus, auf dem Bahnhof *und* eine der wichtigsten Personen, Kranken-
schwester, Arzt, Busfahrer, Schaffner. Diese Leute verhalten sich
ganz anders als man es von ihnen erwartet. Sie sitzen z. B. am Boden
und weinen, stehen mit verschränkten Armen, tanzen, schauen grim-
mig drein, sprechen eine unbekannte Sprache oder singen.
Die Erzieherin kann den Kindern ein Beispiel geben, sie dann bitten,
in ihren Gruppen sich selbst eine Szene auszudenken und vorzuspie-
len. Nach dem Spiel ist es wichtig, darüber zu sprechen, wie und warum die Personen so dargestellt wurden.

174 Großer Regen

A	ab 4 / 5
S	beliebig

Die Erzieherin erzählt den Kindern im Sitzkreis vom großen Regen,
der jetzt kommt, und alle machen die entsprechenden Geräusche mit:
die Finger reiben auf der Handfläche,
mit den Fingern schnalzen – erst leise, dann lauter werdend,
in die Hände klatschen,
auf die Oberschenkel schlagen,
auf die Sitzflächen des Stuhls trommeln.
Langsam hört der große Regen auf (alles wieder zurück).

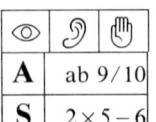	👁	👂	✋
A	ab 8		
S	10 – 20		

175 Bilder nachspielen und raten

Material: Illustriertenbilder oder Fotos

Die Kinder sitzen im Kreis. In der Mitte sind Bilder ausgebreitet, auf denen (möglichst gut erkennbar) Menschen zu sehen sind, die miteinander sprechen. Je zwei Kinder aus dem Sitzkreis sind Spielpartner. Sie machen miteinander aus, was die Leute auf dem von ihnen ausgesuchten Bild miteinander bereden. Dieses Gespräch führt jedes Paar vor. Die anderen Kinder müssen erraten, welches Bild gemeint war und sagen, woran sie es erkannt haben.

	👁	👂	✋
A	ab 9/10		
S	2 × 5 – 6		

176 Spielt weiter

Material: Requisiten

Für dieses besonders in der Hortgruppe geeignete Spiel teilen wir die Gruppe in zwei Untergruppen auf. Während eine Gruppe den Raum verläßt, denkt sich die andere eine Geschichte aus. Dann wird die zweite Gruppe hereingerufen und die Geschichte wird bis zu einem bestimmten Punkt von der ersten Gruppe gespielt, dann abgebrochen. Die zweite Gruppe spielt die Geschichte zu Ende. Danach erzählt nun die erste Gruppe der zweiten, wie sie sich das Ende vorgestellt hat.

Vor Beginn des Spiels müssen die Spieler der Gruppe 1 die Mitspieler von Gruppe 2 darüber informieren, welche Rollen in dem Spiel zu besetzen sind. Die Rollenbesetzung findet bei beiden Gruppen vor Spielbeginn statt.

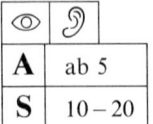	👁	👂	
A	ab 5		
S	10 – 20		

177 Spiegelbild

Die Kinder stehen sich paarweise im Abstand von etwa 1 Meter frontal gegenüber. Einer der beiden Partner stellt einen Spiegel dar, der andere benutzt den Spiegel und umgekehrt. Der „Spiegel" macht dabei die Bewegungen des Spiegelbenutzers. Die Erzieherin macht den Kindern deutlich, daß beim Spiegelbild rechts und links vertauscht sind. Die Bewegungen sollen langsam ablaufen und die Spieler Augenkontakt zum Partner halten.

178 Zwölf Rollenspielthemen

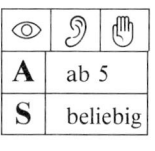

	☺	✋
A	ab 5	
S	beliebig	

Als kleine Spielszenen für einen und mehrere bieten sich an:

1. Wie ist dein Tagesablauf?
2. Zeigt, was ihr am Wochenende gemacht habt.
3. Du kommst aus dem Kindergarten (Hort/Schule) nach Hause und in deinem Zimmer liegt ein Löwe. Was tust du?
4. Wir spielen Tierpark. Zwei/drei Kinder sind Besucher, die anderen verschiedene Tiere.
5. Wir spielen Zirkus (verschiedene Nummern).
6. Wir spielen ein Märchen. Die Erzieherin liest den Handlungsrahmen vor.
7. Wer kann ein bekanntes Lied singen, während ein anderer Spieler einen falschen Takt auf den Rücken klopft?
8. Wir sind ein merkwürdiger Chor. Mehrere Kinder singen gleichzeitig verschiedene Lieder. Wer hält bei dieser Katzenmusik Rhythmus und Melodie?
9. Wir empfangen einen unsichtbaren Freund und geleiten ihn mit vielen Komplimenten zu seinem Tisch.
10. Zwei Kinder spielen Torero und Stier.
11. Wer kann andere Mitspieler zum Lachen bringen, während alle anderen versuchen, ernst zu bleiben?
12. Wer spielt etwas vor, was keiner nachspielen kann?

179 Abendausflug

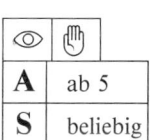

	☺	✋
A	ab 5	
S	beliebig	

Die Erzieherin bittet die Kinder, einmal zu überlegen, was sie täten, wenn sie einen Abend ganz lange von zu Hause wegbleiben dürften. Jeweils zwei Kinder überlegen, was sie bei ihrem Abendausflug unternehmen wollen; z.B. ins Kino, zum Kegeln, auf den Jahrmarkt, in ein Restaurant, zum Schaufensterbummel u.ä. Paarweise führen sie dann pantomimisch ihr Unternehmen durch. Die Zuschauer müssen es erraten.

👁	🎵	✋
A	ab 4	
S	10 – 20	

180 Peter und der Wolf

Material: Kassettenrekorder bzw. Plattenspieler mit Aufnahme von „Peter und der Wolf"

Wohl jeder Kindergarten oder Hort verfügt über eine Schallplatte oder Kassette des musikalischen Märchens von Sergei Prokofjew.

Zur Musik ...
führen die Kinder die Gangart der einzelnen Figuren auf,
begleitet die Gruppe auf selbstgebauten Instrumenten (oder auf Orff-Instrumentarium),
führen wir ein Personenschattenspiel durch.

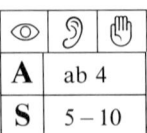

👁	🎵	✋
A	ab 4	
S	5 – 10	

181 Karton-Theater

Material: Große Kartons (Möbel-, Waschmaschinen- oder Fernseher-Kartons), Schneidemesser, Klebeband, Schnur, dicke Fasermaler

Große Kartons haben einen hohen Aufforderungscharakter für Kinder und bieten Anlässe für abwechslungsreiche Rollenspiele.

Drei Vorschläge:
1. In bunter Folge ordnen wir auf dem Rasen verschieden große Kartons an. Die Kinder können hindurchschlüpfen, herumlaufen, darüberspringen, usw. Über Bewegungsabläufe hinaus dienen die Kartons als Kulisse für einen Kaufmannsladen, die Post oder ein anderes beliebiges Rollenspiel.
2. Aus verschiedenen großen Kartons errichten Kinder und Erzieherin gemeinsam eine kleine „Kartonstadt" mit Wohnhäusern, Kaufläden, Kindergarten, Kirche und Rathaus.
3. Aus großen Kartons bauen wir eine lustige Eisenbahn mit Lokomotive, Personen- und Gepäckwagen. Nach der Fertigstellung dient der Zug für viele Stunden dem Rollenspiel. Es gibt Zugführer, Schaffner, Bahnhofsvorsteher und Fahrgäste.

182　Fernsehspielkiste

👁	🧠	✋
A	ab 5	
S	3 – 6	

Material: Ein bis zwei große Pappkartons (Möbelkartons), Verkleidungsutensilien.

Wie verarbeiten Kinder ihre Fernseh-Erlebnisse?
Die Erzieherin bringt einen großen Karton mit, der zur „Fernsehkiste" wird. Dazu werden von einem großen Möbelkarton Boden und Deckel entfernt und der „Bildschirm" herausgeschnitten. Das Gehäuse stellen wir so auf zwei Tische, daß die Kinder dazwischen „im" Fernseher stehen können.
Es ist den Kindern überlassen, im freien Spiel mit dieser Kiste herumzualbern, zu singen, zu spielen, zu reden und sich mitzuteilen. Fernsehsendungen können nachgespielt, Nachrichten oder das Wetter angesagt werden. Die Kinder können von Tages- oder Ferienerlebnissen berichten. Oder: Die Kinder ahmen Fernsehstars nach, die von den anderen erraten werden müssen.

183　Stummer Gast

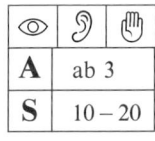

👁	✋
A	ab 5
S	2

Ein Kind sitzt am Tisch und spielt den Gast in einem Restaurant, das andere Kind den Kellner und fragt: „Was wünscht der Herr (die Dame)?" Da der Gast stumm ist, kann er seine Wünsche nur durch Gesten ausdrücken, z. B. etwas zum Essen, zum Trinken, eine große Zigarre, eine Zeitung.
Der Kellner fragt jeweils nach: „Sie wünschen also ...?" Ist es richtig, nickt der Gast, ist es falsch, schüttelt er den Kopf. Nach einiger Zeit läßt die Erzieherin die Rollen wechseln.

184　Entzaubern

👁	🧠	✋
A	ab 3	
S	10 – 20	

Alle Kinder stehen im Kreis. Ein Kind steht in der Mitte und sagt: „Ich bin verzaubert worden." – „Wer soll dich retten?" – Darauf das Kind: „Wer am besten ... (Blumen gießen, nähen, tanzen, hüpfen, lachen ... oder irgendeine andere Tätigkeit) kann!" Jetzt stellen alle Kinder die genannte Tätigkeit dar. Das Kind im Kreis entscheidet, wer sie am besten ausgeführt hat. Dieser löst das Kind im Kreis ab.

135

◎	🖐
A	ab 5
S	10 – 12

185   Schattenspiele

Material: 1 Bettlaken, Lampe (100 Watt), Befestigungsvorrichtung für das Laken

Für dieses Spiel spannen wir ein Bettlaken auf (z. B. befestigen wir es mit Reißzwecken in einem Türrahmen). Der Raum wird abgedunkelt. Etwa zwei Meter vom Laken entfernt steht die Lampe. Einige Kinder erscheinen nacheinander als Schatten hinter dem Bettlaken. Sie machen beliebige Verrenkungen, kriechen, hüpfen oder tanzen. An ihren Schatten müssen die Zuschauer sie erraten. Nach einem Durchgang wechseln Schattenspieler und Zuschauer ihre Rollen.

Variationen:
1. Schattenraten mit Verkleidung.
2. Kleine Szenen: beim Zahnarzt, Operation, im Zirkus, ein Zauberer tritt auf, Drahtseilkünstler, Raubtiernummer.
3. Berufe darstellen.
4. Kleine Geschichten spielen (mit möglichst wenigen Personen): Märchen, Sagen, Lieder.

136

8. Spiele mit der motorischen Geschicklichkeit

Neben Sprache, logischem Denken, Gedächtnis und Umwelterfassung ist die motorische Geschicklichkeit einer der wichtigsten Intelligenzfaktoren zur Bewältigung vieler Schwierigkeiten des alltäglichen Lebens. Sie stellt einen ganz maßgeblichen Teil der kindlichen Gesamtentwicklung dar. In der Gruppe Gleichaltriger wird Geschicklichkeit im allgemeinen sehr hoch bewertet und trägt somit erheblich zur Steigerung des Selbstwertgefühls und zur Selbständigkeit des Kindes bei.

Intelligenzfaktor Geschicklichkeit

Um Geschicklichkeitsspiele erfolgreich zu bewältigen, benötigt das Kind konzentrierte Beharrlichkeit. Bei der Ausführung der gestellten Aufgaben schärft es seine Sinnesorgane. Es lernt aufmerksam wahrzunehmen, fein- und grobmotorische Bewegungsabläufe zu koordinieren und zu beschleunigen, zu differenzieren und richtig einzuschätzen.

konzentrierte Beharrlichkeit

Geschicklichkeitsspiele werden von Kindern lustbetont erlebt und deshalb besonders gerne angenommen.

Spielvorschläge

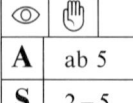

186 Nähspiel

A	ab 4
S	2 – 10

Material: Stopfnadeln und feste Fäden (Knöpfe, Stoffreste u. ä.)

Jedes Kind soll seinen Faden in das Nadelöhr einfädeln. Wer zuerst fertig ist, hat gewonnen.

Variationen:

1. Nach dem Einfädeln soll ein Knopf an ein Stück Stoff angenäht werden.
2. Ein Flicken soll auf ein Stück Stoff gesetzt werden. Die sauberste Arbeit gewinnt.
3. Ein Loch in einem Strumpf oder einem Stück Stoff ist zu stopfen. Auch hier hat das sorgfältigste Arbeitsergebnis gewonnen.
4. Für die Jüngsten in der Gruppe kann man statt einer Nadel ein Stück Pappe mit einem Loch und ein Stück Bindfaden verwenden. In den Bindfaden soll ein Knoten gemacht werden.

187 Streichholzstapler

A	ab 5
S	2 – 5

Material: 1 leere Wein- oder Saftflasche, Streichhölzer

Alle Kinder erhalten die gleiche Anzahl von Streichhölzern. Dann stellen wir in die Mitte des Raumes eine Flasche. Die Kinder legen eines nach dem anderen ein Streichholz auf die Flaschenöffnung. Die Streichhölzer kann jeder so legen, wie er möchte, sie dürfen nur nicht herunterfallen. Wer das Pech hat, daß bei seinem Legemanöver die Streichhölzer herunterfallen, muß alle aufnehmen und zu seinem Vorrat legen. Gewinner ist, wer sich als erster aller seiner Streichhölzer entledigt hat.

188 Zeitungsspirale

A	ab 5
S	2 – 8

Material: Je Kind eine Zeitungsseite

Jedes Kind bekommt eine gleichgroße Zeitungsseite. Auf ein Zeichen der Erzieherin beginnen alle, das Papier zu zerreißen, wobei sie am Rand beginnen und immer weiter reißen, kreisrund bis zur Mitte. Nach und nach entsteht so die gewünschte „Spirale". Wer den schmalsten Streifen reißt, erhält auch die längste Spirale.

189 Apfelangler

⊚	✋
A	ab 4 / 5
S	2 – 10

Material: Schüssel mit Wasser, Äpfel

In eine mit Wasser gefüllte Schüssel legen wir einen Apfel. Nacheinander kann jetzt jedes Kind versuchen, den Apfel mit den Zähnen aus dem Wasser zu holen. Die Hände bleiben dabei auf dem Rücken verschränkt. Die Mitspieler zählen unterdessen bis 15. Ist es bis zu diesem Zeitpunkt nicht gelungen, den Apfel herauszuziehen, kommt ein anderes Kind an die Reihe. Am Ende des Spiels findet ein gemeinsames Apfelessen statt.

190 Flaschenangler

⊚	✋
A	ab 5
S	3 – 10

Material: Mehrere 1,50 m lange Stöcke mit 1 m langer Schnur, Weckringe, Saft- oder Limonadeflaschen

Die Erzieherin hat auf einer Linie Flaschen aufgestellt. Dahinter stehen die Kinder als „Angler" mit langen Stöcken, an denen an einer ein Meter langen Schnur Weckringe baumeln. Die Angler versuchen, den Ring über den Flaschenhals gleiten zu lassen und diese zu heben.

191 Erbsenpiekser

✋	
A	ab 5
S	2 – 20

Material: Erbsen und Stecknadeln

Jedes Kind erhält zwei kleine Schälchen. Das eine ist mit Erbsen gefüllt, das andere ist leer. Mit Hilfe einer Stecknadel soll nun jeder Mitspieler auf ein Startzeichen der Erzieherin beginnen, in die Erbsen hineinzupieksen und sie von dem vollen in das leere Schälchen hinüberzubefördern. Wer hat „eiserne Nerven" und die ruhigste Hand?

◎	✋
A	ab 6
S	2 – 6

192 Streichholzangler

Material: 50 – 80 Streichhölzer und ein Stück Draht

Für dieses Spiel benötigen wir 50 – 80 Streichhölzer (ohne Schwefelköpfe) und einen an einem Ende hakenförmig verbogenen Draht. Die Hölzchen werden in eine Tasse gelegt und auf den Tisch geschüttet. Jetzt versucht eines der Kinder so viele Hölzchen wie möglich mit dem Draht herauszufischen, ohne daß sich eines von den anderen bewegt. Sieger ist, wer die meisten Hölzchen auf diese Art und Weise bekommt.

◎	✋
A	ab 5/6
S	beliebig

193 Becherbalance

Material: Je Kind 1 Pappbecher und 1 Pappteller

Die Erzieherin stellt die Pappteller in eine Reihe nebeneinander. Etwa 2 Meter von den Papptellern entfernt stellen sich die Kinder ebenfalls in eine Reihe, möglichst nicht zu dicht, nebeneinander. Jetzt erhält jedes Kind einen Pappbecher. Es muß versuchen, den Becher auf einem Fuß zum Teller zu balancieren und ihn langsam, ohne die Hände zu benutzen, auf den Teller zu legen. Je nach Geschicklichkeit der Kinder verringern oder vergrößeren wir den Abstand und erlauben, die Schuhe auszuziehen.

◎	✋
A	ab 4/5
S	beliebig

194 Flohhüpfen

Material: Je Kind 1 Eierbecher und 6 flache Knöpfe

Ein altes und beliebtes Spiel, das sich am besten auf dem Teppich spielen läßt. Jedes Kind erhält 6 flache Knöpfe und einen Eierbecher. Die Kinder versuchen nun mit Hilfe eines größeren Knopfes ihre fünf kleineren Knöpfe in den Eierbecher zu schnipsen. Es empfiehlt sich, für dieses Spiel eine Zeit zu bestimmen, in der gespielt wird. Das beste Ergebnis wird dann gewertet.

195   Dach an Dach

Material: Spielkarten

👁	✋
A	ab 5
S	2 – 10

Aus zwei Spielkarten läßt sich ein Dach bauen. Welches Kind kann das ganze Kartenspiel in eine ganze Dachreihe verwandeln? Am Schluß wird sie in einer Kettenreaktion durch einen Schubs wieder flachgelegt.

Variation: Wer baut das schönste (höchste) Kartenhaus?

196   Mit Stäbchen essen

Material: Zahnstocher und Haselnüsse

✋
A ab 5
S 2 – 10

Fast wie im China-Restaurant sollen die Spieler versuchen, mit Hilfe einer Hand und drei Zahnstochern 10 Haselnüsse in möglichst kurzer Zeit in den Mund zu befördern und zu knabbern.

197   Mit Daumen und Zeigefinger

Material: Zahnstocher oder Streichhölzer, Tischtennisball

👁	✋
A	ab 5
S	beliebig

Stuhlkreis. Die Kinder halten mit Daumen und Zeigefinger jeder Hand zwei Zahnstocher (bzw. Streichhölzer) fest. So wird von einem Spieler zum nächsten ein Tischtennisball im Kreis herumgegeben. Das Spiel läßt sich auch mit zwei Gruppen als Wettspiel durchführen.

198   Schneidermeister

Material: Je Spieler eine dickwandige Wein- oder Saftflasche, Nadel und Faden

👁	✋
A	ab 5
S	5 – 10

Welches Kind kann eine leere Flasche auf den Boden legen, sich darauf setzen, die Beine wie ein Schneider übereinanderlegen, ohne das Gleichgewicht zu verlieren und so eine Nadel einfädeln? Wer es schafft, ist Schneidermeister.

A	ab 4
S	je 2

199   Schnelle Hände

Konzentration und manuelle Geschicklichkeit sind bei diesem Spiel besonders gefordert. Je zwei Kinder stehen sich mit erhobenen Händen gegenüber. Sie beginnen langsam und werden mit jedem Spieldurchgang schneller:

1. Die eigenen Hände werden zusammengeschlagen.
2. Linke und rechte Handflächen gegen rechte und linke Handflächen des Partners schlagen.
3. Die eigenen Hände wieder zusammenschlagen.
4. Die rechte Hand schlägt gegen die rechte Handfläche des Partners.
5. Wieder werden die eigenen Hände zusammengeschlagen.
6. Die linke Handfläche schlägt gegen die linke Handfläche des Partners.
7. Der Vorgang beginnt von neuem.

Welcher der beiden Spieler verhaspelt sich zuerst?

A	ab 4
S	10 – 20

200   Mal oben, mal unten

Material: Luftballons

Wir bilden zwei gleich große Mannschaften. Die Kinder stehen in geringem Abstand mit gegrätschten Beinen hintereinander. Ein Luftballon wird über die Köpfe nach hinten gereicht und zwischen den Beinen nach vorne gerollt. Welche Mannschaft absolviert zuerst drei Runden?

A	ab 5
S	10 – 20

201   Luftballon-Jongleure

Material: Kurze Stöcke (Gymnastikstöcke) und Luftballons

Die Kinder erhalten kurze Stöcke. Sie spielen sich nacheinander Ballons so zu, daß sie nicht auf dem Boden landen.

Variation: Die Kinder halten ihren Luftballon mit dem Kopf (mit dem Fuß, mit dem Knie) in der Luft und gehen um Hindernisse herum.

202 Besenartist

Material: 1 Besen

◎	🖐
A	ab 5/6
S	2 – 10

Die Kinder balancieren einen Besen oder eine lange Stange auf der Handfläche über eine vorher festgelegte Strecke. Je weiter der Schwerpunkt vom Balancepunkt entfernt ist, umso einfacher geht es.

203 Tellerkreiseln

Material: Alter Frühstücksteller

◎	🖐
A	ab 5
S	10 – 20

Für dieses Spiel benötigen wir einen alten Frühstücksteller. Die Kinder sitzen im Kreis auf dem Fußboden, während ein Kind in der Mitte steht. Es läßt den Teller kreiseln, ruft den Namen eines Mitspielers und läuft auf dessen Platz. Das aufgerufene Kind muß aufspringen und versuchen, den Teller zu erwischen, bevor er zu kreiseln aufhört und bevor das andere Kind seinen Platz eingenommen hat. Gelingt es ihm, darf es jetzt den Teller kreiseln lassen und einen anderen Spieler aufrufen.

204 Schachtelturm

Material: 15 leere Zündholzschachteln

◎	🖐
A	ab 5
S	beliebig

Nacheinander versuchen die Kinder einen Turm aus Zündholzschachteln auf ihrer Hand zu bauen. Die Hand wird dabei mit dem Handrücken nach oben vor den Körper gehalten. Nun wird eine Schachtel auf die andere gestapelt. Wer baut den höchsten Turm?

Variation: Für die Jüngsten in der Gruppe: Zwei Kinder treten gegeneinander an. Jeder erhält eine bestimmte Anzahl von Bauklötzen. Sieger ist, wer seinen Turm zuerst gestapelt hat, ohne daß ein Klotz herunterfiel.

⊚	✋
A	ab 4
S	2 – 6

205 Wackelige Mauer

Material: Mehrere Packungen Domino-Steine

Domino-Steine werden mit der schmalen Seite in einer Reihe aufgestellt. Jedes Kind stellt sich so eine Reihe auf und darf nun dem ersten Stein einen kleinen Stoß geben, so daß er auf den nächsten fällt. Dieses Geschicklichkeitsspiel kann man auch als Wettspiel gestalten, indem man zwei oder mehrere Parteien bildet. Gewonnen hat, wer seine Steine gleichmäßig zu Fall bringt.

⊚	✋
A	ab 5
S	2 – 5

206 Murmelspiele

Material: 1 Beutel Ton- oder Glasmurmeln

Das Spiel mit den kleinen Kugeln, auch Murmeln, Klicker, Schusser oder Marmeln genannt, ist eines der ältesten Konzentrations- und Geschicklichkeitsspiele. Es hat bis heute seinen Reiz behalten, läßt sich sehr variieren und im Schwierigkeitsgrad von den Kindern steigern.

Einige Beispiele:
1. Von einer Markierungslinie soll eine Murmel in ein ca. 10 cm großes Loch geworfen werden. Trifft sie ins Loch, darf erneut geworfen werden. Bleibt sie davor liegen, darf ein anderer Spieler sie ins Loch schubsen. Sieger ist, wer die meisten Murmeln ins Loch befördert.
2. Beim „Fünferle" ist alles wie beim Lochmurmel. Es werden jetzt jedoch fünf Murmeln gleichzeitig aus der Hand gerollt. Die Murmeln, die nicht im Loch gelandet sind, darf das Kind mit gekrümmten Zeigefinger einmal anschubsen. Alle im Loch befindlichen Murmeln kann das Kind behalten, während die anderen in einem „Verlustschälchen" gesammelt und am Spielschluß aufgeteilt werden.
3. Beim „Linienmurmeln" werfen alle Kinder der Reihe nach auf eine gezeichnete Linie. Alle Murmeln gehören dem Kind, dessen eigene am dichtesten an der Linie liegen.

207   Zeitungsbalance

Material: Zeitungen

Die Kinder erhalten ein Zeitungsblatt, das zu einer Kugel zusammengeknüllt wird. Der „Zeitungsknüllball" soll jetzt auf dem Handrücken (auf dem Kopf, den Schultern, auf dem rechten Fuß) durch den Raum getragen werden.

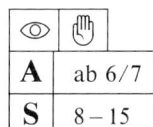

A	ab 5
S	10 – 20

208   Vertauschte Seiten

Material: Je Kind eine Zeitung

Wir haben für jeden Spieler eine Zeitung besorgt und deren Seiten vorher durcheinander gebracht. Jedes Kind erhält jetzt ein Exemplar. Die Kinder setzen sich auf den Boden und versuchen nun, die Seiten ihrer Zeitung so schnell wie möglich in die richtige Reihenfolge zu bringen. Wer schafft es zuerst?

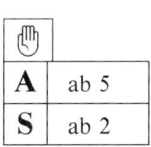

A	ab 6/7
S	8 – 15

209   Mehlschneiden

Material: 1 Tasse Mehl, 1 Ring (oder kleines Holzstückchen)

Für dieses alte Spiel („Konzentrations-Klassiker") wird auf einem Tablett eine prall mit Mehl gefüllte Tasse umgestülpt. Auf die Spitze des Mehlhäufchens wird ein kleiner Ring (oder ein Holzstückchen) hochgesteckt. Abwechselnd schneiden die Kinder mit einem stumpfen Messer ein Stück vom Mehlberg weg. Je mehr man zur Mitte kommt, desto behutsamer muß geschnitten werden. Denn sofern der Ring umfällt, muß das Kind versuchen, den umgefallenen Ring mit dem Mund herauszuheben. Dabei dürfen die Hände nicht benutzt werden. Die anderen Kinder versuchen, durch lustige Bemerkungen und Grimassen ihren Mitspieler zum Lachen zu bringen, damit er tüchtig in das Mehl hineinpustet.

A	ab 5
S	ab 2

✋	👁

A	ab 6
S	4 – 6

210 Hochhaus

Material: 40 Spielkarten

Wir teilen die Kinder in zwei Gruppen auf. Jede Gruppe erhält 20 Spielkarten und muß versuchen, daraus ein Kartenhochhaus zu bauen, wobei nacheinander alle Kinder mitwirken müssen. Jeweils ein Kind der Gruppe darf dabei das Haus abstützen. Sieger ist die Gruppe, die zuerst alle Karten verbaut hat und deren Haus dann ohne Hilfe mindestens 5 Sekunden stehen bleibt.

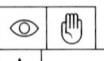

A	ab 5
S	10 – 20

211 Von Hand zu Hand

Material: Ein nicht zu großer Schlüssel

Alle Kinder sitzen im Kreis dicht aneinander. Jeder hält die Hände auf dem Rücken. Von Hand zu Hand geht ein Schlüssel, mit dem der Spieler, der ihn gerade in die Hand bekommt, an die Stuhllehne pocht. In der Mitte des Kreises steht der „Sucher", dem das Finden erschwert wird, indem man den Schlüssel einmal rechts und einmal links herumwandern läßt. Hat der „Sucher" den Schlüssel entdeckt, so muß der Spieler, der sich erwischen ließ, an seiner Stelle in den Kreis treten.

👁	✋

A	ab 4
S	2 – 10

212 Ringwerfen

Material: Wurfringe, Stäbe, Flaschen, Weckringe

Aus etwa 2 Meter Entfernung versucht jedes Kind jeweils 3 Ringe um einen im Boden steckenden Stab zu werfen. Es werden mehrere Runden gespielt. Am Schluß zählt die Erzieherin die Punkte zusammen.

Variation: Weckringe werden aus 1 Meter Entfernung um aufgestellte Flaschen geworfen.

A	ab 5
S	beliebig

213 Hutkünstler

Material: Alter Herrenhut

Welches Kind kann sich einen Hut über die Schuhspitze hängen und von dort mit dem Fuß so in die Luft befördern, daß er ihn mit dem Kopf auffangen kann?

146

214 Konzentrations- und Geschicklichkeitskette

Material: Siehe Spielbeschreibungen

✋	
A	ab 5
S	beliebig

1. Ein Geldstück gleitet von Finger zu Finger, ohne daß es herunterfällt.
2. Einen Stock zwischen die Knie klemmen, damit durch den Gruppenraum gehen und ihn einem beliebigen Mitspieler zwischen die Knie stecken, ohne daß er herunterfällt.
3. Ein Turm aus übereinander gestapelten leeren Blechdosen wird weitergereicht, ohne daß er zusammenfällt. Stützen und Halten mit den Händen ist nicht erlaubt.
4. Einen Tischtennisball von dem rechten Handrücken auf den linken balancieren und dann an einen anderen Spieler weiter geben.
5. Ein Ring geht von Strohhalm (mit den Zähnen gehalten) zu Strohhalm.
6. Mit dem Strohhalm wird ein Stück Papier angesaugt und weitergegeben.
7. Eine Streichholzschachtel geht von Nase zu Nase.
8. Wir geben einen Ball von Löffel zu Löffel weiter.
9. Glasperlen (Tischtennisbälle, Knöpfe u. ä.) werden von Teller zu Teller weitergegeben.
10. Mit verbundenen Augen eine Kette auffädeln (einen Baukasten einpacken).
11. Eine Zeitungsseite (oder eine ganze Zeitung) muß mit den Füßen (barfuß) zerrissen werden. Die Fetzen sind mit den Füßen wieder aufzuheben und in einen Papierkorb zu befördern.
12. Mit Streichhölzern (Zahnstochern / Mikadostäbchen) einen Turm bauen. Jedes Kind baut einen quadratischen Turm.
13. Luftballons werden zwischen den Beinen (mit den Füßen) weitergegeben.
14. Ein meterlanger Faden muß über zwei Finger gewickelt werden. Das nächste Kind muß ihn abspulen, indem es ihn auf seine Finger spult.
15. Zwei Gefäße, eins mit Wasser gefüllt, das andere leer, werden weitergegeben. Ohne ein Tröpfchen zu verschütten, muß jeder das Wasser umgießen und die Gefäße weitergeben.

Variation: Man gibt nur das Wasser weiter, indem man es in das leere Gefäß des Nachbarn füllt.

👁	✋

A	ab 6
S	2 – 6

215 Zehner-Golf

Dieses Spiel hat mit dem wirklichen Golf nur eine einzige Regel gemein: Die Kinder versuchen, den Ball in die Löcher zu bekommen. Für das Zehner-Golf wird weder ein Golfschläger, noch eine beson-ders vorbereitete Spielfläche be-nötigt. Es genügt, auf dem Platz einige kleine Löcher auszugra-ben. Die Spieler sollen dann nach und nach in alle ihren Ball stoßen. Ist die Reihenfolge aus-gelost, wird von der Startlinie begonnen. Zuerst rollt oder wirft der erste Spieler den Ball nach Loch 1, kullert er hinein, auf Loch 2 und so weiter. Bleibt der Ball vor dem Loch liegen, tritt der nächste Spieler an. Der Ball des ersten bleibt liegen, bis dieser wieder an der Reihe ist. Sollte der zweite den Ball des ersten aus seiner ursprünglichen Position

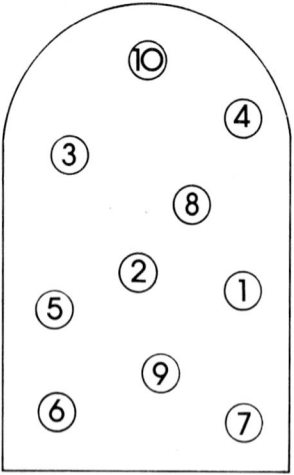

Start

wegschießen, legt der erste Spieler den Ball in der zweiten Runde wie-der an seine zuletzt eingenommene Ausgangsposition zurück und spielt dann weiter. Rollt der Ball in das Loch und bleibt dort liegen, darf das Kind weiterspielen und den Ball auf das nächste Loch wer-fen. Sieger ist, wer zuerst an das zehnte Loch gelangt.

9. Zaubereien – Spiele mit der Fingerfertigkeit und Sprache

Jedes Kind möchte einmal Zauberer spielen. Einige Zaubereien können schon von Kindern ab fünf Jahren ausgeübt werden. Die Zaubereien fordern vom Zauberer wie vom Publikum äußerste Aufmerksamkeit. Die Zuschauer beobachten, staunen, wundern sich, denken nach und fragen, wie „das" wohl gehen mag. Während das Publikum zum Mitdenken und Kombinieren angeregt wird, muß sich der Zauberer ganz intensiv auf seine Zauberkunststücke konzentrieren, die Zuschauer von seinen Handlungen ablenken, sie geschickt und schnell täuschen und zu verblüffenden, nicht erwarteten Lösungen führen. Beim Akteur wird die Feinmotorik geschult und die Sprache erweitert, gleichzeitig kommt es durch die Erfolgserlebnisse beim Gelingen der Darbietungen zur Stärkung des Selbstbewußtseins.

zum Mitdenken und Kombinieren anregen

Stärkung des Selbstbewußtseins

Zauberkunststücke lassen sich „mal so zwischendurch" am Vormittag oder als eigenständige Darbietung z. B. vor Publikum auf einem Fest aufführen. Zu Beginn bedarf es beim Einüben der Tricks Geduld und Ausdauer und der Hilfe durch die Erzieherin. Der Aufwand bei den Vorbereitungen sollte sich zeitlich in Grenzen halten.

Bevor es zu einer Aufführung kommt, bereiten wir eine kleine Bühnenfläche (Zauberbude) vor. Wir benötigen einen Tisch oder eine größere Kiste, die mit Ton- oder Kreppapier verdeckt wird. Auf dem Tisch hat der Zauberer später alle benötigten Utensilien in der Reihe seiner Vorführungen liegen. Der Zauberer wird mit einem großen, spitzen Hut, einem schönen Zauberstab und einem Umhang bzw. Morgenmantel ausstaffiert.

Die erste Sitzreihe für die uneingeweihten Zuschauer sollte nicht zu nah am Zaubertisch stehen, damit sie dem „Magier" nicht so sehr auf die Finger schauen kann.

Den Kindern, die unter Ausschluß des späteren Publikums die einzelnen Zaubertricks einüben, geben wir zuvor noch einige Hinweise:

Vorbereitung und Durchführung

1. Jeden Zaubertrick üben wir sorgfältig ein; am besten vor einem großen Spiegel. So kann man gleich sehen, welche Fehler man gemacht hat.

2. Eine Zauberei immer erst dann aufführen, wenn sie sicher und fehlerfrei beherrscht wird.

3. Wir führen unsere Darbietungen mit ruhigen Bewegungen vor und lenken das Publikum durch Sprache und Gesten etwas ab.

4. Seitlich oder hinter uns darf kein Publikum sitzen.

5. Damit die Zuschauer uns nicht auf die Schliche kommen, wiederholen wir bei einer Aufführung grundsätzlich keinen Trick.

6. Am Schluß unseres Zauberprogramms packen wir alle benötigten Hilfsmittel ordentlich zusammen und verbergen sie vor den Augen des uneingeweihten Publikums.

Verstärkung und Bekräftigung

Viele der verblüffenden Zauberkunststücke, die wir in einschlägigen Zauberbüchern für die Jüngeren finden, beherrschen die Kinder recht schnell. Eine Vorführung bietet unmittelbar Verstärkung und Bekräftigung und läßt Kinder mit Hilfe der Zauberei ihre Schwächen überwinden. Die Erzieherin sollte deshalb mit ihrer Gruppe oder einzelnen Kindern einige Zaubertricks einüben.

Zaubervorstellungen können lange auf die Kinder nachwirken, so daß die Erzieherin die Möglichkeit hat, dies zu nutzen und darauf einzugehen, indem sie z. B. die Kinder Bilder vom eindrucksvollsten Zauberkunststück malen oder ein Plakat anfertigen läßt. Auch können die Kinder versuchen, selbst einen Zaubertrick zu kreieren.

Zauberkasten verschenken

Eltern empfehlen wir, sofern ihr Kind echtes Interesse bekundet, einen Zauberkasten zu verschenken.

Spielvorschläge

216 Durch die Ansichtskarte schlüpfen

Material: Ansichtskarte und Schere

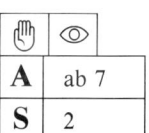

Der Zauberer behauptet, er könne ohne weiteres durch die Ansichtskarte hindurchschlüpfen und zeigt seinem Publikum eine solche
Karte von allen Seiten, von rechts, von links und von oben. Vor den
ungläubigen Zuschauern faltet er jetzt die Ansichtskarte der Länge
nach, nimmt eine Schere und schneidet einmal von der Faltseite, einmal von der offenen Seite ein. Dabei muß er aufpassen, daß er nicht
ganz durchschneidet und immer etwa einen Zentimeter vom Rand
aufhört. Nun biegt er die Ansichtskarte auseinander und zieht und
zieht. Mühelos kann der Zauberer jetzt durch die Karte hindurchschlüpfen.

217 Einer kann's nicht sehen

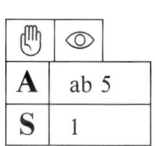

Der Zauberer wettet mit einem Zuschauer, er werde gleich etwas fest-
halten, fühlen, hin- und herwenden, es sogar langziehen dürfen,
trotzdem werde er es mit seinen offenen Augen nicht sehen, während
es alle anderen Zuschauer die ganze Zeit betrachten können. Nun er-
greift der Zauberer die rechte Hand des Zuschauers und führt sie an
dessen rechtes Ohr mit der Aufforderung, es zu fühlen, zu wenden
und wenn er Lust habe, es langzuziehen.

218 Das stehende Streichholz

Material: 1 Streichholz

Der Zauberer sagt, er könne ein Streichholz auf dem Kopf stehen
lassen. Und siehe da, es klappt. Vorher hat der Magier, vom Publikum unbemerkt, die Kuppe des Streichholzes mit etwas Speichel
befeuchtet.

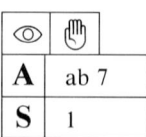

219 Der Zauberknoten

A	ab 6
S	1

Material: 1 langer Bindfaden

Der Zauberer fragt seine Zuschauer: „Wer ist in der Lage, einen Bindfaden an beiden Enden in den Händen zu halten und einen Knoten in den Faden zu schlagen, ohne ihn loszulassen?" Er hält einen langen Faden in der Hand, und alle werden meinen, daß so etwas nicht ginge.

Der Trick: Bevor der Zauberer den Bindfaden in beide Hände nimmt, verschränkt er die Arme zu einem „Knoten". Dann zieht der die Arme auseinander und der Knoten ist im Bindfaden.

220 Das zerbrochene Streichholz

A	ab 7
S	1

Material: Eine mit 4 Streichhölzern präparierte Stoffserviette

Vor der Aufführung dieses Zaubertricks werden in den Saum einer Stoffserviette mehrere Streichhölzer eingeführt. Nun legt der Zauberer vor den Augen der Kinder ein Streichholz in die aufgeschlagene Serviette, faltet diese zusammen und läßt die Kinder noch einmal fühlen, ob das Streichholz noch vorhanden ist. Jetzt schiebt der Zauberer den Stoff so zusammen, daß er das Streichholz im Saum, über den der Zauberer die Serviette gefaltet hat, zu fassen kriegt, und ein Kind bricht es hörbar durch. Der Zauberer läßt auch noch einige Kinder füh- 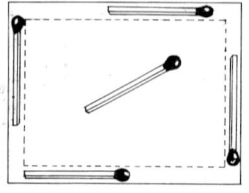 len, ob das Streichholz wirklich zerbrochen ist. Mit einem Zauberspruch wird die Serviette geöffnet und siehe da, das unbeschädigte Hölzchen fällt heraus.

221 Aus Tinte wird Wasser

Material: Mit Wasser gefülltes Glas, dunkelblaues Papier, Tuch

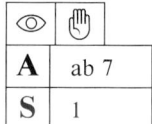

◉	✋
A	ab 7
S	1

Auf dem Tisch steht ein Wasserglas. Es ist von innen mit dunkelblauem Papier ausgekleidet und mit Wasser gefüllt. Der Zauberkünstler deckt ein Tuch darüber, murmelt seinen Zauberspruch und berührt es mit dem Zauberstab. Jetzt hebt er das Tuch hoch und zieht gleichzeitig das blaue Papier mit weg. Auf diese Weise hat sich die „Tinte" in Wasser verwandelt.

222 Der wandernde Groschen

Material: 2 10-Pfennig-Stücke, 2 Teller

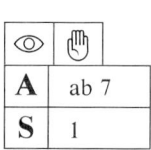

◉	✋
A	ab 7
S	1

Der Zauberer legt ein 10-Pfennig-Stück unter einen Teller und zaubert es mit Hilfe des Zauberstabes und eines zweifachen „Schlimbum-Schlamborius" unter einen zweiten Teller. Das ist noch kinderleicht. Die schwierige Aufgabe kommt jetzt erst; nämlich den Groschen wieder unter den ersten Teller zurückzuzaubern. Der Zauberer hebt den Teller hoch und siehe da: Der Groschen liegt darunter. Damit der „Schwindel" nicht herauskommt, darf man nur vorher, zwischendurch nicht, den zweiten Teller hochheben.

223 Eine Münze verschwindet

Material: 2 gleiche Münzen

◉	✋
A	ab 7
S	1

Der Zauberer läßt sich von den Zuschauern eine Münze geben, stützt den linken Ellbogen auf's Knie und reibt mit der rechten Hand die Münze am linken Ärmel oder Ellbogen. Aus Versehen entfällt die Münze der Hand, erschreckt greifen beide Hände danach. Unauffällig nimmt die linke Hand sie und legt sie beim erneuten Aufstützen des Ellbogens oben an den Kragenrand, während die rechte Hand weiterhin die Bewegung des Reibens macht, bis sich die Münze „durch Hitze elektrisch geladen und damit entfernt hat". Vom Kragen holt der Zauberer dann die Münze wieder zurück. Natürlich kann auch schon vorher eine gleiche Münze an einem anderen Ort versteckt werden, wo sie dann gefunden wird.

👁	🖐
A	ab 8
S	1

224 Hellseher

Material: Aus einem Kartenspiel jeweils die 4 Könige, Damen und Buben

Der Zauberer findet heraus, welche Karte hinter seinem Rücken herumgedreht wurde. Warum? Alle Karten haben rechts und links zwei unterschiedlich breite weiße Ränder. Eventuell sind sie oben und unten verschieden.

👁	🖐
A	ab 7
S	1

225 Zauberblume

Material: 1 dunkle Weinflasche, Papierblume, schwarzes Garn

Der Zauberer behauptet, er könne mit Hilfe eines Zaubersamens in kürzester Zeit eine Blume wachsen lassen. Zuvor wurde eine Papierblume an einem schwarzen Faden befestigt und in eine dunkle Weinflasche gesteckt. Der Faden hängt heraus.
Der Zauberer gibt jetzt ein „Zaubersamenkorn" in die Flasche und spricht eine Zauberformel. Die Blume wächst, indem durch mehrmaliges Herunterfahren an der Flasche − „um Wärme zu erzeugen" − der Faden mit dem Daumen nach unten gezogen wird.

🖐	
A	ab 6
S	2

226 Gegenstände verschwinden lassen

Material: Je zwei gleiche beliebige Gegenstände (z. B. Radiergummis, Würfel, Portemonnaies u. ä.), die in eine Hand passen.

Für die Zauberei brauchen wir einen Eingeweihten. Der Zauberer hält z. B. ein Radiergummi in der Hand, legt locker ein Tuch darüber und läßt nacheinander einige Zuschauer drunterfassen und bestätigen, das es noch dort ist. Der letzte − eingeweihte Zuschauer − nimmt es unauffällig und steckt es fort. Mit einem „Abrakadabra" zieht der Zauberer das Tuch weg und die Hand ist leer. Entweder holt der Zauberer jetzt ein zweites gleiches Radiergummi aus der Tasche oder es wird in der Nähe des Eingeweihten gefunden.

227   Drei lustige Mogeleien

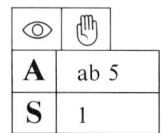

Material: siehe Spielbeschreibung

A	ab 5
S	1

Als lustige Einlage oder zwischendurch bei einer Zaubervorstellung bieten sich an:

1. Der Zauberer sagt, er könne einen Keks spurlos verschwinden lassen. Er ißt ihn auf.

2. Der Zauberer behauptet, er sei in der Lage, einen Luftballon in eine Rakete zu verwandeln. Er bläst ihn auf und läßt ihn los.

3. Der Zauberer wettet, er könne Wasser im Sieb tragen. Für diese Mogelei werden Eiswürfel aus dem Kühlschrank benötigt.

10. Lebhafte, bewegungsaktive Spiele

Kinder wollen sich bewegen, laufen, hüpfen, springen, weil sie Erfahrungen suchen, Abwechslung und Abenteuer. Das ungebrochene Bewegungsbedürfnis des Kindes sucht und findet auch in der beengtesten, ödesten Umwelt noch Möglichkeiten, sich zu bewegen. Kinderwelt ist Spielwelt und somit auch Bewegungswelt. Dieses kindliche Grundbedürfnis ist ganz natürlich. Heute beobachten wir allerdings bei vielen Kindern einen sehr starken, ungestümen Bewegungsdrang. Ihnen gelingt es häufig nicht, ihre Bewegungen bewußt zu kontrollieren, besonders dann nicht, wenn sie erregt sind. Auf Empfindungen reagieren diese Kinder sofort: bei Ärger oder Gereiztheit mit Umsichschlagen, wütendem Strampeln, Aufstampfen oder Treten; bei Trauer mit Regungslosigkeit und Untätigkeit und bei Freude mit regelrechtem Bewegungssturm.

Längere erzwungene Phasen der Bewegungsarmut in engen Wohnverhältnissen, beengten Spielräumen, auch nach Kindergarten- und Schulschluß, führen zu Spannungen, die sich in extrem hohem Bewegungsdrang äußern.

Greifen wir das Bewegungsbedürfnis des Kindes für die Konzentrationsförderung auf, indem wir die motorische Aufmerksamkeitshaltung durch gezielte Spielangebote anregen! Wir können dem Kind helfen, allmählich seine Bewegungen zu kontrollieren und zu steuern. Lebhafte, bewegungsaktive Spiele mit und ohne Material sind für unser Vorhaben besonders geeignet, weil sie bereits allein aus der Freude des Kindes an der Bewegung leben.

Bewegungsbedürfnis des Kindes

Bewegungen kontrollieren

Bewegungsarmut / Bewegungsdrang

gezielte Spielangebote

Spielvorschläge

228 Hindernisreiten

⌛	✋	✋
A	ab 3	
S	10 – 20	

Wir sitzen mit den Kindern auf dem Boden oder im Stuhlkreis. Alle Spieler sind „Pferde" und galoppieren (auf die Schenkel schlagen), überspringen eine Hürde (mit beiden Händen vorwärts hoch den Bogen beschreiben), gehen in eine Links- und eine Rechtskurve (schräg sitzen), nun über eine Doppelhürde (zwei Bogen beschreiben), über eine Holzbrücke (auf die Brust klopfen), durch einen Wassergraben (Blubbergeräusche mit dem Mund) und die Zuschauertribüne passieren (Applaus). In der Regel wird das Rennen über zwei Runden angesagt. Es können weitere Hindernisse erfunden und vor dem Start von der Erzieherin eingeführt werden.

229 Schokoladensuppe

⌛	✋	✋
A	ab 5	
S	6 – 10	

Material: Beliebige kleine Gegenstände (Kugelschreiber, Büroklammern, Muggelsteine u. ä.)

Auf dem Tisch sind Gegenstände ausgebreitet, und zwar einige weniger als die Anzahl der Spieler. Die Erzieherin (oder ein Kind) erzählt eine Geschichte. Beim Stichwort „Schokoladensuppe" greifen alle zur Mitte. Wer keinen Gegenstand erwischt hat, gibt ein Pfand ab.

230 Kommando Pimperle

⌛	✋	✋
A	ab 6	
S	beliebig	

Bei diesem altbekannten Konzentrationsspiel sitzen die Kinder um den Tisch und trommeln mit beiden Fingern auf die Tischkante. Die Erzieherin (oder ein älteres Kind) hat an der Stirnseite des Tisches Platz genommen, um alles gut zu überblicken. Sie gibt die Anordnungen:

„Kommando Pimperle": Die Zeigefinger trommeln auf die Kante.
„Kommando Hoch": Die Hände werden in die Höhe gestreckt.
„Kommando Hohl": Die Hände bilden, indem sie mit den äußeren Kanten aufliegen, einen Hohlraum.
„Kommando Flach": Die Hände werden sofort flach auf den Tisch gelegt.

Die Erzieherin achtet vor Spielbeginn darauf, daß die Kommandos allen Kindern vertraut sind. Ist das geschehen, kann das eigentliche Spiel beginnen. Es beginnt immer mit „Kommando Pimperle" und die Kinder trommeln auf die Tischkante. Plötzlich und unvorhersehbar wird jetzt ein anderes Kommando ausgegeben und die Kinder müssen sofort die damit verbundene Bewegung ausführen. Danach wird das nächste Kommando ausgegeben, ganz gleich welches. Auch „Kommando Pimperle" darf wieder gegeben werden. Wer nicht aufgepaßt hat und zu einem Kommando die falschen Bewegungen macht, scheidet aus.

Der Schwierigkeitsgrad des Spiels wird gesteigert, indem die „Ansagerin" die Mitspieler absichtlich irritiert. Dies kann auf zweierlei Art geschehen:

1. Die Erzieherin macht absichtlich eine falsche Bewegung. Wer ihr folgt, ist hereingefallen.

2. Die Hände dürfen nur dann mit dem Klopfen aufhören und einer Anordnung gehorchen, wenn vor dem Kommando auch das Wörtchen „Kommando" gesagt wird. Heißt es nur „Hoch", so muß weiter geklopft werden.

Sind die Kinder erst einmal mit den verschiedenen Kommandos vertraut, können diese in immer ungleicher werdenden Abständen erteilt werden.

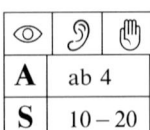

⟨⟩	♪	🖐
A	ab 4	
S	10 – 20	

231 Gütertransport

Material: Beliebige Gegenstände zum Weiterreichen

Alle Kinder sitzen im Kreis und halten jeder einen Gegenstand in der Hand (z. B. Kissen, Tuch, Ball, Buntstift ...). Bei „Los" werden alle Gegenstände von einem zum anderen richtig weitergegeben. Ertönt ein Pfiff der Spielleitung, werden die Gegenstände in entgegengesetzter Richtung weitergegeben. Wer etwas verliert oder zwei Gegenstände in den Händen hält, scheidet aus oder gibt ein Pfand ab.

Variation: Alle Kinder geben die Gegenstände mit verbundenen Augen weiter.

232 Familie Müller

⊙	✎	✋
A	ab 7/8	
S	12 – 20	

Material: Eine Anzahl vorbereiteter Kärtchen (siehe Spielbeschreibung), Stühle; eventuell Gong oder Pfeife

Für dieses lebhafte Konzentrationsspiel benötigen wir einen großen Raum, damit sich die Spieler frei bewegen können. Vor Spielbeginn haben wir entsprechend der Teilnehmerzahl kleine Kärtchen mit Familienaufschriften vorbereitet und dann gemischt. Jede Familie hat 4 Mitglieder, also 4 Kärtchen (z. B. Vater Müller, Mutter Müller, Sohn Müller, Tochter Müller; entsprechend für die Namen Möller, Meier, Moll usw.). Die Kärtchen werden an die Teilnehmer verteilt. Auf das Kommando der Erzieherin setzen sich alle Mitspieler in Bewegung und gehen kreuz und quer durch den Raum. Sie tauschen dabei mit anderen Spielern, die ihnen begegnen, immer wieder ihre Kärtchen.

Gibt die Erzieherin durch Gong oder Ruf ein Zeichen, so müssen alle „Familienangehörigen" sich zusammenfinden und sich gemeinsam auf einen Stuhl setzen. Zuunterst sitzt Vater Müller (Möller, Meier, Moll), darauf Mutter Müller, dann Sohn Müller und Tochter Müller. Das muß sehr schnell gehen, da die Familie, die zuletzt sitzt, ausscheidet. Sieger ist die Familie, die als letzte übrig geblieben ist.

Variationen:

1. Erschwerte Form durch gleichklingende Namen.

2. Es kann Musik eingesetzt werden, die leicht ablenkt. Eine höhere Anforderung an die Konzentration wird verlangt.

3. Unter Oberbegriffen (z. B. Tiere, Obst, Kleidung, Werkzeuge, Haushaltsgeräte) müssen sich die Kinder mit den entsprechenden Unterbegriffen zusammenfinden.

4. Für ältere Mitspieler: Sprichwörter oder einzelne Wörter werden in Silben zerlegt und auf Zettel geschrieben und an die Teilnehmer verteilt. Die einzelnen Silben müssen sich nun zu einem Wort oder Sprichwort zusammenfinden.

5. Die Familienmitglieder müssen sich durch Hochzeigen der Kärtchen, nicht durch Zurufen zusammenfinden.

◉	🖐	✋
A	ab 3	
S	10 – 20	

233 Ich fange Fische

Die Kinder setzen sich um einen Tisch herum und legen ihre ausgestreckten Hände auf die Tischplatte. Die Erzieherin (oder ein ausgewähltes Kind) läßt ihre rechte Hand über die anderen kreisen und sagt: „Ich fange, fange Fische, auf diesem großen Tische. Ich hab' die ganze Nacht gefischt und hab' noch keinen Fisch erwischt!" Sobald die Erzieherin das Wort Fisch ausgesprochen hat, versucht sie nach einer der vielen Hände zu schlagen. Doch, sobald sie das Wort ausgesprochen hat, ziehen alle schnell die Hand weg. Wer nicht aufmerksam oder nicht flink genug ist, wird erwischt und ist jetzt als Fischer an der Reihe.

◉	🖐	✋
A	ab 5	
S	9 – 21	

234 Der Löwe frißt den Affen

Material: Stühle

Aktiv geht's auch bei diesem Spiel zu, für das wir zwei Stuhlreihen mit den Rückenlehnen gegeneinander aufstellen. Bis auf einen Spieler bekommt jedes Kind einen Stuhl. Nun gibt sich jedes Kind einen Tiernamen. Der stehende Spieler ruft laut: „Der Löwe frißt den Affen." Schnell springen diese beiden Kinder auf und versuchen die Plätze zu tauschen. Die Gelegenheit ist jetzt günstig, einen der Stühle zu erwischen. Der nächste „Ausrufer" ist das Kind ohne Stuhl, der jetzt z. B. rufen kann: „Die Maus frißt den Elefanten."

◉	🖐	✋
A	ab 4 / 5	
S	6 – 20	

235 Orchesterprobe

Die Gruppe sitzt im Stuhlkreis und murmelt, summt, pfeift oder klatscht ganz leise in die Hände oder trampelt ganz leise mit den Füßen. Die Erzieherin gibt Zeichen mit der Hand. Je nachdem, ob sie ihre Hand hochhebt oder ganz tief unten hat, werden die Geräusche lauter oder leiser. Vor Spielbeginn wird auch ein Zeichen für Stille ausgemacht. Die ganze Gruppe muß aufmerksam sein. Sie soll die mit der Hand gezeigten Nuancen so gut wie möglich wiedergeben können. Abwechselnd kann auch ein Kind „Orchesterleiter" sein und die Handzeichen geben.

236 Nagelschmiede

👁	🖐	✋
A	ab 5	
S	8 – 20	

Aufpassen muß man schon, wenn der „Nagelschmied" (am Anfang die Erzieherin oder ein älteres Kind) seine Anweisungen gibt. Die Kinder sitzen am Tisch. Bei der Anweisung „lange Nägel" stampfen die Kinder mit den Füßen, heißt es „mittlere Nägel", landen alle Fäuste auf dem Tisch, sagt er jedoch „kleine Nägel", so müssen alle Hände flach auf dem Tisch liegen.
Die Anweisungen werden zügig gegeben. Wer Fehler macht, gibt ein Pfand ab.

237 Mein Hut, der hat drei Ecken

👁	🖐	✋
A	ab 5	
S	10 – 20	

Besondere Aufmerksamkeit ist bei diesem Spiel um ein bekanntes Lied gefordert. Der Text: „Mein Hut, der hat drei Ecken, drei Ecken hat mein Hut, und hat er nicht drei Ecken, so ist es nicht mein Hut." Das Lied wird zur Übung zuerst zwei- bis dreimal durchgesungen. Beim nächsten Durchsingen werden nacheinander folgende Wörter (jeweils nur eines) durch folgende Bewegungen ersetzt: „Mein" durch Fingertippen an die Brust, „Hut" durch eine Handbewegung an den Kopf, „drei" durch Zeigen von drei Fingern, „Ecken" durch Greifen der linken Hand an den rechten Ellenbogen, „nicht" kann durch kurzes Kopfschütteln ersetzt werden.
So wird das Lied durchgesungen. Wer nicht aufpaßt und statt der Bewegung das Wort singt, gibt ein Pfand ab.

238 Hampelmann im Mehrtakt

👁	🖐	✋
A	ab 6	
S	8 – 20	

Um Rhythmisierungsfähigkeit und angespannte Konzentration geht es hier. Die Kinder stellen sich verteilt im (Turn)Raum auf. Während die Füße eine 2-Takt-Bewegung ausführen (z.B. Hampelmann), machen die Arme gleichzeitig eine 3-Takt-Bewegung (z.B. vor-seit-hoch).
Welches Kind findet eigene „Kombinationsmöglichkeiten", z.B. Arme, Hampelmann, Beine, Wechselhüpfen vorwärts und rückwärts, oder umgekehrt. Die Erzieherin achtet auf die Einhaltung des Zweier- und Dreiertaktes.

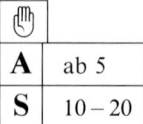		
A	ab 5/6	
S	8 – 12	

239 Tip-Top-Stabwechsel

Material: Je Kind ein Gymnastikstab

Etwa 10 Kinder stellen ihren Stab mit der rechten Hand senkrecht auf den Boden. Auf „Tip" oder „Top" läßt jedes Kind seinen Stab los und versucht denjenigen seines Nachbarn noch zu erwischen, bevor der Stab zu Boden fällt.

Variation: Steigerung. Der Stabwechsel findet in freier Aufstellung statt. Auf ein Zeichen muß jedes Kind seinen Stab loslassen und zu einem anderen Stab wechseln.

A	ab 5	
S	10 – 20	

240 Ober kommt gleich!

Material: 2 Tabletts, mit Wasser gefüllte Joghurtbecher

Auf einem Tablett balancieren die Kinder mehrere mit Wasser gefüllte Joghurtbecher über eine Hindernisstrecke.

Variation: Zwei gleich ausgestattete Kinder balancieren als Oberkellner um die Wette.

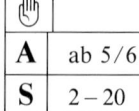		
A	ab 6	
S	2 – 20	

241 Um den kreisenden Reifen

Material: Holzreifen, Bälle, eventuell Luftballons

Wir spielen im Turnraum oder im Freien. Jeweils zwei bis drei Kinder erhalten zusammen einen großen Holzreifen. Der Reifen wird angedreht, und die Kleingruppe läuft mit den Bällen (je nach Geschick) am Fuß führend, rollend oder dribbelnd um den Reifen herum. Dabei müssen die drei Kinder immer dafür sorgen, daß der Reifen in Bewegung bleibt. Der Schwierigkeitsgrad erhöht sich, indem z.B. gleichzeitig versucht wird, einen Luftballon in der Luft zu halten.

A	ab 5/6
S	2 – 20

242 Schwebetücher

Material: Mehrere Chiffontücher, Kassettenrecorder mit Musik

Zu einer beschwingten Musik werfen die Kinder aus dem Lauf heraus ihr Chiffontuch in die Luft und halten es durch Blasen noch eine Zeitlang in der Schwebe.

243 Buchbalance

Material: Ausrangierte Bücher, Kassettenrecorder oder Flöte

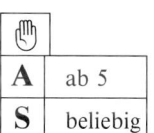

| A | ab 5 |
| S | beliebig |

Die Kinder legen sich ein Buch auf den Kopf und gehen damit vorsichtig im Raum umher, während eine Musik spielt. Verstummt die Musik, strecken die Kinder beide Arme aus und versuchen mit einem Knie den Boden zu berühren. Wem dabei das Buch vom Kopf rutscht, scheidet aus. Die anderen stehen bei Beginn der Musik wieder auf und balancieren das Buch von neuem. Wer behält sein Buch bis zuletzt auf dem Kopf?

244 Propeller

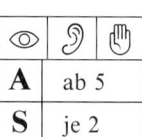

| A | ab 5 |
| S | beliebig |

Die Kinder stehen im (Turn)Raum verteilt, ohne sich gegenseitig zu behindern. Welches Kind kann mit dem rechten Arm genauso schnell kreisen wie mit dem linken? Welches Kind kann gleichzeitig noch spazieren, laufen oder sogar hüpfen? Bei diesem Spiel muß sich das Kind stark konzentrieren, um seine Bewegungen differenziert auszuführen.

245 Rhythmusspringen

| A | ab 5 |
| S | je 2 |

Zwei Kinder spielen im Turnraum oder im Freien mit einem Ball. Ein Kind prellt den Ball in verschiedenen Rhythmen, das andere versucht, genauso zu hüpfen, wie der Ball prellt, d.h. es springt im gleichen Rhythmus hoch wie der Ball.

👁	✋
A	ab 6
S	2 – 6

246 Himmel und Hölle

Material: Ein Stock oder Kreide zum Markieren, kleiner Stein

Für dieses klassische Konzentrations- und Bewegungsspiel zeichnen wir einen Spielplan auf. Der Reihe nach hüpft jeder Spieler auf einem Bein durch die Spielfelder und stößt dabei einen Stein vor sich her. Die Linien dürfen beim Hüpfen nicht übertreten werden. Es lassen sich beliebige Variationen und Schwierigkeiten einflechten, wie z. B.:

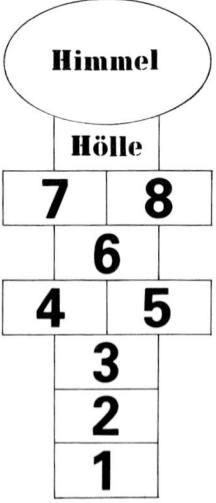

1. In einem geteilten Feld darf das Kind nur mit einem Fuß hüpfen, die ungeteilten Felder dürfen mit beiden Füßen betreten werden.
2. Die Hölle muß immer übersprungen werden; im Himmel darf sich das Kind vor dem Zurückspringen auf beiden Beinen ausruhen.
3. Es werden verschiedene Sprungarten in bestimmter Reihenfolge festgelegt: einbeinig vorwärts, einbeinig rückwärts, und zwar jeweils mit einer halben Drehung, so daß das Kind nach dem Sprung in der entgegengesetzten Richtung steht.

Wer den Spielplan fehlerfrei durchhüpft, darf ein beliebiges Feld mit dem Stock (oder der Kreide) durchkreuzen. Dieses dürfen dann die anderen Mitspieler nicht mehr betreten.

247 Sieben-Tage-Hopper

Material: Kreide oder Stock zum Markieren, kleiner Stein

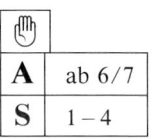

👁	✋
A	ab 6
S	1 – 6

Wir legen ein Spielfeld an. Das erste Feld ist der Montag, das letzte
der Samstag. Der Sonntag liegt in der Mitte. In ihm darf man sich
ausruhen, dort aber kein „Haus" markieren. Damit die „Häuser"
nicht verwechselt werden, ver-
sieht jeder Hausbesitzer das seine mit einem besonderen Symbol
(Stern, Kreuz, Buchstabe o. ä.).
Das Spiel läuft so ab, wie „Himmel und Hölle". Innerhalb eines
Feldes darf der Stein beliebig oft
gestoßen werden. Er darf nur
keine Trennlinie berühren. In
unserem Fall muß er also von
Montag nach Dienstag usw., sowie zurück von Samstag nach

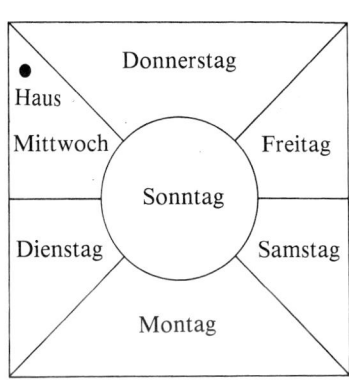

Montag und dann ins „Haus". Geraten Stein und Fuß versehentlich
in den „Sonntag", so gilt dies als Fehler und der nächste Spieler
kommt zum Zuge.

248 Seilspiele

Material: 1 Springseil

✋
A	ab 6 / 7
S	1 – 4

Spiele mit dem Springseil verlangen besondere Konzentration. Sie
stillen den Bewegungsdrang des Kindes, fördern seine Körperbeherr-
schung und sein Reaktionsvermögen.
Das Seilspringen kann von einem oder mehreren Kindern betrieben
werden. Allein hält das Kind in jeder Hand das Ende eines Seils, das
bis zu den Knöcheln herabhängt. Dann wird es von hinten über den
Kopf in einem Bogen nach vorn geschwungen. Das Kind springt, bevor das Seil die Füße erreicht, auf einem oder zwei Beinen darüber.
Das Seil schwingt unten durch und die Übung wiederholt sich, je
nach Übung, langsam oder schnell. Um festzustellen, wie weit man
kommt, bis man das Seil an die Füße schlägt, sagen die Kinder Verse
auf wie: „Eins, zwei, drei, vogelfrei."

Variationen: Am Seilspringen sind jeweils drei Kinder beteiligt. Zwei sind die Seilschwinger und ein Kind hüpft:
1. Das Seil wird herumgeschwungen, auf der Stelle gehüpft.
2. Das Seil wird im Kreis herumgeschwungen. Aus dem Laufen wird in das schwingende Seil hineingesprungen und mehrmals darüber hinweggehüpft.
3. Das Seil wird langsamer und schneller geschwungen.

249 Werfen und Fangen

A	ab 6/7
S	10 – 20

Material: 1 Wurfball

Zwei Parteien von je 5 – 6 Kindern stehen einander gegenüber. Zwischen den beiden wird eine Linie gezogen. Ein Ball wird hin- und hergeworfen. Wer von ihm getroffen wird, ohne ihn zu fangen, muß die Seite wechseln. Das Spiel ist zu Ende, wenn alle Spieler auf einer Seite gelandet sind.

250 Mit Hand und Fuß

A	ab 7
S	2

Material: Je Kind 1 Wurfball

Zwei Kinder stehen sich mit je einem Ball gegenüber. Der eine Ball wird mit dem Fuß hin- und hergeschoben, während der 2. Ball hin- und hergeworfen wird. Gemeinsam mit den Kindern überlegen wir uns weitere „Hin- und Herformen".

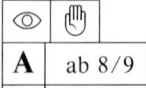

251 Jonglier-Wettbewerb

A	ab 8/9
S	5 – 12

Material: Mehrere Bälle

Spaß, Konzentration und Orientierungsfähigkeit stehen bei unserem kleinen Jonglier-Wettbewerb im Mittelpunkt.
1. Wer kann den hochgeworfenen Ball mit nur einer Hand fangen?
2. Welches Kind kann zwei Bälle gleichzeitig jonglieren?
3. Wer kann 2 Bälle nacheinander hochwerfen und wieder auffangen?
4. Wer kann einen Ball (zwei Bälle) hochwerfen und vor dem Auffangen eine halbe oder sogar ganze Drehung ausführen?
Die Sieger erhalten eine kleine Überraschung.

252 Das laufende Tor

Material: 1 vorbereitetes Bettlaken, leichte Bälle

A	ab 6
S	4 – 10

Wir benötigen für dieses Spiel ein großes Bettlaken, in das wir ein Loch von etwa 50 cm Durchmesser schneiden. Zwei Kinder fassen es an den Schmalseiten und heben es wie eine Torwand hoch. Auf einer gekennzeichneten Linie gehen sie in angemessenem Abstand zu den Mitspielern hin und her. Diese versuchen mit einem leichten Ball möglichst oft das Tor – und möglichst nicht die Torträger – zu treffen.

253 Ballstaffel

Material: Je Staffel ein Ball

A	ab 5
S	12 – 20

Die Erzieherin bildet zwei oder mehrere Staffeln mit mindestens 6 Kindern. Jede Staffel bekommt einen Ball. Auf ein Zeichen geben die ersten Spieler jeder Staffel den Ball über den Kopf an den nächsten weiter. Dieser Vorgang wird fortgesetzt, bis der Ball beim letzten Spieler der Staffel angekommen ist. Dieser läuft an den Anfang der Staffel und beginnt von neuem. Gewinner ist die Staffel, deren ehemals erster Spieler wieder zuerst vorne steht.

Variation: Der Ball wird im Sitzen über den Kopf weitergegeben oder durch eine Beingasse gerollt.

254 Blumenball

Material: 1 Wurfball

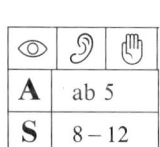

A	ab 5
S	8 – 12

Die Kinder bilden einen Kreis und erhalten anstelle ihres Namens einen Blumennamen (Nelke, Rose, Maiglöckchen usw.). Ein Kind bekommt einen Ball und wirft diesen hoch, während es den Blumennamen eines Mitspielers ruft. Dieser muß den Ball auffangen. Der Vorgang setzt sich so lange fort, bis eines der Kinder den Ball verfehlt und fallenläßt. In diesem Fall gibt das Kind ein Pfand ab, und das Spiel beginnt von neuem. Variationen sind möglich (z. B. andere Begriffe, Zahlen usw.).

🖐	👁
A	ab 6
S	2 – 10

255 Springballspiele

Material: Springbälle (Flummies) in verschiedener Größe

„Flummies" sind gewaltig hopsende Springbälle. Deshalb benötigen wir für dieses Spiel genügend Fläche, am besten einen Turnraum. Zu Beginn können die Kinder mit den Hopsern experimentieren. Wie verhalten sich die Bälle? Wie oft hintereinander kann so ein Ball springen? Wem gelingt der höchste Hopser mit dem Springball? Konzentration verlangt das Spiel mit dem Partner. Zwei Kinder spielen sich hierbei den Springball so zu, daß er zwischen ihnen einmal (zweimal, dreimal, viermal) den Boden berührt und ihn anschließend der Partner auffangen kann, ohne seinen Standplatz zu verlassen.

🖐	👁
A	ab 6
S	10 – 20

256 Neckball

Material: 1 Wurfball

Die Kinder bilden einen Kreis. In der Mitte steht ein freiwilliger Mitspieler, der versucht, den Ball zu fangen, den sich die Kinder im Kreis über seinen Kopf hinweg zuwerfen. Sie necken ihn, indem sie z. B. hinter seinem Rücken vorbeiwerfen. Gelingt es dem Fänger, den Ball zu erwischen, muß derjenige, der zuletzt geworfen hat, ihn ablösen und in die Mitte treten.

257 Puppe mit Ball

Material: 1 kleiner Wurfball, eventuell 1 Stück Kreide

🖑	👁
A	ab 7
S	4 – 8

Wir zeichnen im Freien in den Sand oder auf einen glatten Untergrund eine „Puppe" und teilen sie in mehrere Felder ein. Die Kinder zielen nacheinander mit einem Ball auf die einzelnen Felder der Puppe. Sie beginnen mit dem untersten Feld, gehen bis zum Kopf vor und kehren in entgegengesetzter Reihenfolge zurück. Stehen kann jedes Kind, wo es möchte. Der Ball muß mit der Handfläche jeweils in das Feld abgeschlagen werden, das an der Reihe ist. Und zwar jedesmal nur einmal. Falls ein Kind den Ball in ein falsches Feld abschlägt oder falls er zu Boden fällt, wird das Spiel unterbrochen und der Ball an das nächste Kind übergeben. Bei Fehlern wird dann die nächste Runde wieder von vorn begonnen. Wem gelingt es, die Puppe hin und zurück zu beschreiten?

258 Hasenball

Material: 1 Wurfball

🖑	👁
A	ab 6
S	10 – 20

Wir bilden im Turnraum oder im Freien einen Kreis. In der Kreismitte steht ein Kind als „Hase". Untereinander wird der Ball zugespielt; dabei wird versucht, den „Hasen" mit dem Ball abzuwerfen. Wer danebenwirft oder den Ball nicht fängt, geht selbst als „Hase" in den Kreis. Fängt ein „Hase" den Ball, ruft er „Stop!", bis dahin können alle „Jäger" flüchten. Unterdessen versucht der „Hase" vom Stand aus einen „Jäger" zu treffen. Trifft er ihn, darf er an dessen Stelle in den Kreis und der Getroffene wird zum „Hasen".

🤚	👁

A	ab 7
S	1 – 6

259 Ball-an-die-Wand-Spielkette

Material: 1 Wurfball

Hier geht es um eine Reihe verschiedener Übungen, von den leichtesten zu den schwierigsten. Jede Übung wird wiederholt. Die erste zehnmal, die zweite neunmal, die dritte achtmal und jede weitere um einmal weniger.

Die Kinder stellen sich in eine Entfernung von etwa 2 – 3 Metern vor eine Wand, werfen den Ball gegen die Wand und fangen ihn wieder auf. Wir achten darauf, daß die Übung genau durchgeführt wird. Wer den Ball zu Boden fallen läßt, beginnt wieder dort, wo er aufgehört hat.

Es geht los:

1. Den Ball mit der rechten Hand an die Mauer werfen und ihn mit beiden Händen fangen.

2. Den Ball mit der rechten Hand werfen und ihn nur mit der rechten Hand fangen.

3. Den Ball mit der linken Hand werfen und mit der linken Hand fangen.

4. Den Ball mit der rechten Hand werfen, in die Hände klatschen, den Ball mit beiden Händen fangen.

5. Den Ball mit der rechten Hand werfen, einmal vor dem Körper und einmal hinter dem Körper in die Hände klatschen und den Ball mit beiden Händen fangen.

6. Den Ball mit der rechten Hand werfen, eine Kniebeuge machen, mit den Fingern beider Hände den Boden berühren, sich aufrichten und den Ball mit beiden Händen fangen.

7. Den Ball mit der rechten Hand werfen, sich einmal auf der Stelle umdrehen, mit beiden Händen fangen.

8. Den Ball mit der rechten Hand unter dem rechten Knie hindurchwerfen, ihn mit der linken Hand fangen.

9. Den Ball mit der linken Hand unter dem linken Knie hervorwerfen und ihn mit der rechten Hand fangen.

10. Den Ball aus dem Stand rücklings über den Kopf an die Mauer werfen, sich umdrehen und ihn mit beiden Händen fangen.

11. Entspannungs- und Konzentrationsübungen

Während Erwachsene oftmals Probleme haben, sich richtig zu entspannen, z. B. durch übertriebene Willensanstrengungen, kommt es bei gesund entwickelten Kindern sehr selten zu Überspannungen durch körperliche Überforderung. Kinder haben im Ablauf ihrer Bewegungen einen natürlichen Wechsel von Anspannung und Entspannung. Aktivität und Passivität wechseln unmerklich. Die Erholung von anstrengenden Tätigkeiten geht bei Kindern schneller vonstatten als beim Erwachsenen. Die Schäden durch nervliche Überreizung sind beim Kind wesentlich höher als durch rein körperliche Anstrengungen.

Wechsel von Anspannung und Entspannung

Im theoretischen Teil haben wir ausführlich über Störungen des körperlichen und seelischen Gleichgewichts bei Kindern gesprochen, die sich in mangelnder Konzentrationsfähigkeit, Ablenkbarkeit, verminderter Aufmerksamkeit, Unlustgefühlen, motorischer Unruhe und Reizbarkeit zeigen. Dabei wurde auf Ursachen wie Bewegungsmangel, Erziehungsfehler und Reizüberflutung eingegangen.

Die Entspannungsfähigkeit ist Grundlage der körperlichen und nervlichen Erholung, der Sammlung und Besinnung, aus der für die Bewältigung der täglichen gestellten Aufgaben geschöpft wird. Um diese Entspannungsfähigkeit zu erhalten, brauchen auch Kinder Entspannungsübungen.

Grundlage körperlicher und nervlicher Erholung

Das „Austoben" allein reicht nicht aus, um körperliche und seelische Spannungen abzureagieren. Damit Kinder ihr Gleichgewicht wiederfinden, können neben den bisher besprochenen Spielvorschlägen und dem Turnen in Kindergarten, Hort und Schule spielerische Übungen zur Entspannung und Konzentration sehr hilfreich sein. Die Erzieherin sollte dabei beachten, daß ein richtiges Maß von Bewegung und Ruhe, von Freiheit und Ordnung angestrebt wird.

Bewegung und Ruhe

Seele, Geist und Körper lassen sich nicht auseinanderdividieren. Bei Entspannungs- und Konzentrationsübungen lernen die Kinder, positive Körpergefühle stärker zu beachten. Negative Gefühle und Spannungen engen die Wahrnehmungsfähigkeit ein. Entspannungsübungen erweitern den Horizont, weil die Kinder sich in der angstfreien Entspannung besser den alltäglichen Aufgaben stellen können. Entspannung wirkt auch entängstigend. Der Hauptteil der Spannung ist

Horizonterweiterung

nämlich körperlich verfestigte Angst, die zu Verspannungen, Verkrampfungen und reduzierter Aufmerksamkeitshaltung führt. Ziel von Entspannungsübungen ist demnach, eine Harmonie zwischen Geist und Körper herzustellen, und zwar durch körperlich-muskuläre Entspannung, Nerven- und Kreislaufentspannung und durch eine umfassende, ganzheitliche Entspannung.

günstige
Bedingungen
schaffen

Für Entspannungs- und Konzentrationsübungen ist eine ruhige und friedliche Umgebung sehr wichtig. Wir suchen deshalb einen stillen Raum oder eine ruhige Ecke im Freien, wo wir mit den Kindern allein sein können. Sehr grelles Licht, ein zu warmer oder zu kalter Raum, Lärm und Unterbrechungen stören die für die Übungen notwendige körperliche und geistige Entspannung. Eine beruhigende Stimme der Erzieherin, aber auch eine den Bewegungslauf lenkende Musik, führt Kinder zur Sammlung. Wir helfen ihnen so, eine ihnen genehme Umgebung vorzufinden, in der sie sich entspannen können.

Atemübungen, wie sie im Sinne des autogenen Trainings durchgeführt werden, können den Vorgang der Beruhigung und Entspannung unterstützen. Die Erzieherin achtet besonders auf den rhythmischen Wechsel von Heben und Senken, auf die entspannende Wirkung des Ausatmens und paßt sich dabei dem Rhythmus der Kinder an. Der Aufenthalt im Freien trägt am besten zur körperlichen und seelischen Erholung und Entspannung des Kindes bei.

Übungsdauer Bei der Durchführung von Übungen mit Kindergarten- und Hortkindern sollte die Dauer etwa bei 10 – 20 Minuten liegen. Die Übungen lassen sich je nach Situation und Bedarf gut in den Tagesablauf, z. B. beim Turnen, einflechten.

Übungsvorschläge

260 Liegen und entspannen

A	ab 5/6
S	2 – 10

1. Die Kinder liegen entspannt auf dem Rücken und atmen ruhig aus und ein.

Variation: Jedes Kind legt sich ein Sandsäckchen, Buch oder Kissen auf den Oberbauch. Beim Atmen Bauch heben und senken.

(Atemübungen im Liegen führen wir nur bei staubfreiem, gut gereinigtem Boden durch. Besser noch sind sie mit Decken auf dem Rasen realisierbar).

2. Die Kinder liegen entspannt auf dem Rücken. Die Arme werden gehoben und entspannt auf den Bauch fallen gelassen.

3. a) In der Rückenlage werden die Beine hochgestreckt, dann die Unterschenkel entspannt fallen gelassen (in den Knien dabei einknicken). Es findet ein mehrfacher Wechsel von Strecken und Entspannen statt.

b) Nach dem Fallenlassen der Unterschenkel jetzt die Fußsohlen verrutschen lassen und die Beine ganz entspannen.

4. a) Die Kinder liegen auf dem Bauch und strecken die Arme und Beine entspannt von sich.

b) Auf der Seite liegen mit entspannten Armen und Beinen. Von einer Seitenlage in die andere rollen.

261 Sitzen und entspannen

A	ab 5/6
S	2 – 10

1. Schneidersitz: Die Kinder sitzen mit aufrechtem Körper und gelockerten Armen auf dem Boden. Die Hände ruhen auf den Knien. Ruhig aus- und einatmen.

2. Bodensitz: Die Kinder setzen sich mit ausgestreckten Beinen und geschlossenen Knien auf den Boden. Der Rücken ist aufrecht gegen die Wand gelehnt, die Hände liegen auf den Oberschenkeln. Ruhig aus- und einatmen.

3. Lotussitz: Die Kinder legen die Füße auf die entgegengesetzten Oberschenkel (ganzer Lotus) oder nur einen Fuß auf und den ande-

ren unter den Schenkel (halber Lotus). Die Hände liegen mit den Handflächen nach oben auf den Knien. Ruhig aus- und einatmen.

4. Türkensitz: Die Kinder sitzen sehr gerade; senken dann entspannt den Oberkörper.

5. Hocksitz: Aus dem Hocksitz entspannt in die Seitenlage fallen lassen.

6. Kniesitz: Aus dem Kniesitz mit dem Körperschwerpunkt voraus, entspannt fallen lassen.

A	ab 5
S	2 – 10

262   Gehen und entspannen

1. a) Die Kinder führen Bewegungen mit Unterbrechungen aus, z. B. gehen auf Zeichen, stehen bleiben, hinhocken, liegen, ganz leise laufen, auf Zehen stehen ohne zu wackeln u. a.

b) Vom Riesen zum Zwerg und umgekehrt: Vom Hochzehenstand langsam zum Hockstand „kleiner werden", dann vom Hockstand langsam wieder „hochwachsen".

2. Die Kinder fallen vom hochgestreckten Stand entspannt in den Hockstand.

3. Ohne anzustoßen, wird leise zwischen Keulen, Reifen und Stühlen durchgegangen und gelaufen.

4. a) Nach Rhythmusvorgabe findet beim Gehen ein Wechsel von schnellen und langsamen Schritten statt.

b) Die Kinder versuchen auf einen gemeinsamen Rhythmus zu kommen (langsame Schritte).

5. a) Die Kinder balancieren auf aufgezeichneten Linien (z. B. Kreis, Schnecken- oder Schlangenform), auch auf liegenden Seilen, Holzreifen oder auf dem Schwebebalken.

b) Beim langsamen Vorwärtsgehen werden Gegenstände auf dem Kopf balanciert.

6. a) Die Gruppe teilt sich in Paare auf. Ein Kind hat die Augen geschlossen, das andere Kind führt. Nach einiger Zeit werden die Rollen gewechselt.

b) Mit geschlossenen Augen vorwärts, rückwärts, über ein Hindernis (Kegel, Dosen u. ä.) gehen.

Je nach Bedarf und Situation lassen sich die Übungen beliebig variieren.

263 Hände treffen sich

Je zwei Kinder stehen sich gegenüber, legen die Handflächen aneinander und schließen die Augen für einige Sekunden. Dann lassen sie die Hände sinken, drehen sich dreimal langsam auf der Stelle herum und versuchen jetzt, mit geschlossenen Augen die Hände des Spielpartners zu finden. Der Vorgang wird mehrmals wiederholt.

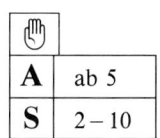

| A | ab 5 |
| S | 2 – 20 |

264 Ruhe

Ein Spiel, mit dem wir die Kinder zur Ruhe führen: Die Erzieherin gibt jedem Mitspieler ein Zeitungsblatt aus. Die Kinder halten ihr Zeitungsblatt an zwei Ecken einer Längskante, fächeln damit leicht durch die Luft und lauschen den Geräuschen, die sich nicht ganz vermeiden lassen.

| A | ab 5 |
| S | 2 – 10 |

12. Pfänder auslösen

Bei Konzentrationsspielen mit Wettbewerbscharakter ist es zweckmäßiger, Kinder nicht ausscheiden, sondern sie ein Pfand abgeben zu lassen, das später ausgelöst wird. Die Erzieherin achtet darauf, daß die Aufgaben nicht zu schwer sind und den „Pfandeinlöser" nicht blamieren. Es ist sinnvoll, bei den Kindern mehrere Spielvorschläge für das Pfandeinlösen zu erfragen. Umsetzbare Vorschläge schreibt die Erzieherin auf Zettel und wirft sie in einen Behälter. Später zieht dann jeder Pfandgeber einen Zettel. Für diejenigen, die noch nicht lesen können, liest die Erzieherin die Aufgabe vor.
Beispiele:
1. Zwei Bewegungen gleichzeitig ausführen
2. Ein Lied singen (pfeifen, summen, klatschen)
3. Einen Zungenbrecher zweimal nachsagen, ohne sich zu versprechen (z. B. Esel essen Nesseln gern, Nesseln essen Esel gern.)
4. Ohne Hände einen Negerkuß essen
5. Je nach Alter rückwärts zählen (z. B. von 15 bis 1)
6. Eine Minute schweigen
7. Zehnmal ruhig aus- und einatmen
8. Mit einem Buch auf dem Kopf durch den Gruppenraum gehen, sich dann auf den Boden oder in die Hocke setzen, ohne daß es herunterfällt.
9. Ein Rätsel lösen, das ein anderer Spieler (oder die Erzieherin) aufgibt
10. Einem Mitspieler 15 (20) Sekunden in die Augen sehen, ohne zu lachen
11. Zu einer gespielten Musik (Schallplatte / Kassette) dirigieren
12. Zweimal vom Boden aufstehen, ohne dabei die Hände zu benutzen
13. Für Hortkinder: Das Alphabet rückwärts aufsagen
14. Eine kurze Lügengeschichte erzählen
15. Mit verbundenen Augen Perlen auf eine Schnur fädeln
16. Auf einem Bein stehen, während ein Mitspieler bis 20 zählt
17. Pantomimisch 4 Kerzen anzünden und anschließend auspusten
18. Schnell sechs (10) Tiere nennen
19. Sein Lieblingstier in die Luft zeichnen
20. Rumpelstilzchens Tanz um das Feuer vorführen
Die Beispiele zeigen, daß sich auch für Pfandauslösen kleine Konzentrationsaufgaben besonders gut eignen.

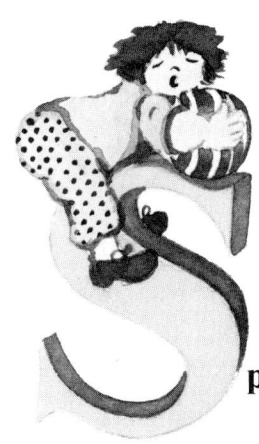

pieleverzeichnis

180

IV. Literatur

Arnold, e.-H.: Mein dickes Rätselbuch. Leipzig 1957

Axline, V. M.: Kinder-Spieltherapie. München 1980

Böhm, W.: Maria Montessori. Hintergründe und Prinzipien ihres pädagogischen Denkens. Bad Heilbrunn 1969

Böhme, F. M.: Deutsches Kinderlied und Kinderspiel. Leipzig 1897

Büttner, C. (Hrsg.): Spielerfahrungen mit Kindern. Frankfurt 1988

Dreikurs, R. / Gould, S. / Corsini, R. J.: Familienrat. München 1985

Dutschmann, A.: Mein Kind kann sich nicht konzentrieren. München 1979

Elffers, J. (Hrsg.): TANGRAM. Köln 1970

Feldenkrais, M.: Bewußtheit durch Bewegung. Frankfurt 1978

Götte, R.: Sprache und Spiel im Kindergarten. Weinheim [6]1989

Holtstiege, H.: Modell Montessori. Freiburg [2]1981

Huizinga, J.: Homo Ludenz. Hamburg 1956

Kluge, N.: Spielen und Erfahren. Der Zusammenhang von Spielerlebnis und Lernprozeß. Bad Heilbrunn 1981

Knehr, E. / Krüger, K.: Konzentrationsstörungen bei Kindern. Stuttgart-Fellbach [3]1979

Kreuzer, J.: Handbuch der Spielpädagogik. Düsseldorf 1982

Montessori, M.: Die Entdeckung des Kindes. Freiburg [8]1987

Petsch, R.: Das deutsche Volksrätsel. Straßburg 1917

Peukert, K. W.: Sprachspiele für Kinder. Reinbek 1975

Scherer, G.: Deutsches Kinderbuch. Leipzig 1905

Scheuerl, H.: Das Spiel. Untersuchungen über sein Wesen, seine pädagogischen Möglichkeiten und Grenzen. Weinheim 1979

Schiffer, M.: Die therapeutische Spielgruppe. Stuttgart 1971

Seitz, R.: Seh-Spiele. München 1982

Sinnhuber, H.: Optische Wahrnehmung und Handgeschick. Dortmund 1983

Steuer, H. / Voigt, C.: Das neue rororo Spielbuch. Reinbek 1980

Thiesen, P.: Arbeitsbuch Spiel. Für die Praxis in Kindergarten, Hort, Heim und Kindergruppe. München [4]1990

Thiesen, P.: Kreatives Spiel mit Kindern, Jugendlichen und Erwachsenen. Praxisbuch. München [2]1989

Thiesen, P.: Die gezielte Beschäftigung im Kindergarten. Freiburg ⁴1990

Thiesen, P.: Drauflosspieltheater. Ein Spiel- und Ideenbuch für Kindergruppen, Hort, Schule, Jugendarbeit und Erwachsenenbildung. Weinheim 1990

Thiesen, P.: Schönwetterspiele im Kindergarten. Freiburg ²1990

Trapmann, H. u. a.: Auffälliges Verhalten im Kindesalter. Frankfurt 1980

Tümmel, E.: Neue Rätselstiege. München 1975

Vester, F.: Denken − Lernen − Vergessen. Stuttgart 1975

Vogt, W.: Bewegungsförderung. Hannover 1976

Vogt, W.: Die Welt des Kindergartens − eine Chance für das Kind. Zürich ²1975

Werner-Zeis, C.: Spielesammlung 1952 − 80 (unveröffentlicht), Bad Schwartau

Wolgast, H.: Schöne alte Kinderreime. München 1925

Zimmer, K.: Das einsame Kind − Für ein neues Verständnis der kindlichen Urbedürfnisse. München 1982

Züblin, W.: Das schwierige Kind. München 1972 (ff.)

Zulliger, H.: Heilende Kräfte im kindlichen Spiel. Frankfurt 1972 (ff.)

Autor

Peter Thiesen, geb. 1952, Dipl.-Sozialpädagoge, studierte Sozial-
pädagogik, Deutsch und Politik. Mehrjährige Tätigkeit als Stadt-
und Bezirksjugendpfleger, Jugendbildungsreferent und FH-Lehrbe-
auftragter. 2. Staatsexamen für das Lehramt an berufsbildenden
Schulen. Seit 1979 Dozent an einer Fachschule für Sozialpädagogik.
Er veröffentlichte u. a. die Bücher:
„Pädagogisches Feld Jugendarbeit"; „Handbuch Jugendarbeit";
„Arbeitsbuch Spiel – Für die Praxis in Kindergarten, Hort, Heim
und Kindergruppe"; „Kreatives Spiel mit Kindern, Jugendlichen und
Erwachsenen"; „Die gezielte Beschäftigung im Kindergarten";
„Schönwetterspiele im Kindergarten"; „Drauflosspieltheater – Ein
Spiel- und Ideenbuch".
Einige der Bücher sind inzwischen zu Standardwerken in Ausbildung
und Praxis geworden.
Der Autor ist verheiratet und Vater eines Kindergarten- und eines
Schulkindes.